1 Ernährung bei: Akutes Nierenversagen

Diese Empfehlungen bitte immer mit Ernährungsberater/in, Arzt oder Diätologen/in absprechen! Die Rezepte und Zutatenlisten unterstützen die medizinischen Therapien.

Die Kalorienangaben frischer Zutaten (Obst und Gemüse) und die Inhaltsstoffe schwanken je nach Qualität und Erntezeit. Die Inhalte wurden von einer Diätologin und einer Ernährungsberaterin für die Traditionelle Chinesische Medizin (TCM) geprüft.

Autor:
©2022 Josef Miligui
Liebe Leserinnen und Leser, ich wünsche Ihnen viel Erfolg und gutes Gelingen bei der Umstellung Ihrer Ernährung. Dieses Buch wurde aus eigener Erfahrung mit Krankheit und Ernährung geschrieben und ich habe schon immer das Zubereiten guter Speisen geschätzt. Wenn Sie nicht so geübt sind im Kochen, empfiehlt sich ein Kurs bei Ernährungsberatern oder Diätologen, die Ihnen die Grundlagen der Kochmethoden sowie die richtige Verarbeitung der Zutaten vermitteln können. Anhand der Lebensmittellisten aus diesem Buch können Sie weitere Rezepte entwickeln und entdecken.

Quelle:
Die Listen werden aus der EBNS-Datenbank für die Ernährungsberatung generiert. Die Datenbank wird von Ernährungsberater, Therapeuten und Ärzte für die Beratung der Patienten/Klienten verwendet und ermöglicht eine Kombination mehrerer Syndrome.

Literaturliste:
Wir haben die Unterlagen als Wissensbasis genutzt und an unsere Erfahrungen angepasst und ergänzt.
www.ebns.at

Herstellung und Verlag:
BoD – Books on Demand, Norderstedt
ISBN: 9783839153970

DIÄTETIK - Eiweiß und Elektrolyt - Nieren - Akutes Nierenversagen
(Buch: 010)

1.1 Vorwort

Die Weltgesundheitsorganisation (WHO) davon spricht, dass bis zu 80% der Erkrankungen durch äußere Faktoren wie Ernährung, Lebensstil, Umweltgifte und dergleichen beeinflusst werden.

Welche Faktoren also jeder einzelne von uns aktiv beeinflussen kann und somit seine Chancen auf Erhöhung der allgemein Gesundheit erzielen kann, darum geht es auf den folgenden Seiten.

Der Fokus in diesem Buch liegt auf dem Faktor mit der größten Hebelwirkung - der Ernährung.
Schon Hippokrates hat einst gesagt "Lass die Nahrung deine Medizin sein und Medizin deine Nahrung!" Kräuterpädagog:innen heute sagen so: "Es gibt für jede Krankheit das richtige Kraut."

Egal wie wir es drehen und wenden, wir sind was wir essen (und was unser Essen gegessen hat). Der moderne Mensch sieht sich gerne isoliert von seiner Umwelt. Wir entstehen aus unserer Umwelt, wir leben inmitten von ihr und wenn wir sterben gehen wir wieder in unsere Umwelt über. Während wir leben essen wir das, was in unserer Umwelt wächst (oder in Fabriken chemisch erzeugt wird). Diese Nahrung liefert die Energie und Bausteine, für den eigenen Körper, für den Stoffwechsel, Zellerneuerung, den Hormonhaushalt und damit für unser gesamtes Sein, die Gesundheit und unser Empfinden.

Hier ein paar Grundbausteine, bevor in dem Buch noch näher auf Ernährungsfaktoren eingegangen wird, die sozusagen der kleinste gemeinsame Nenner der meisten Ernährungsphilosophien sind:

- Saisonalität
  - o Winterpflanzen, wie zum Beispiel verschiedene Kohlgewächse, versorgen uns mit Unmengen von Vitamin C und Bitterstoffen. Zwei Faktoren, die unser Immunsystem bei der Abwehr von der Kälte und den typischen Infekten in der Winterzeit unterstützen.
  - o Sommerpflanzen wie zum Beispiel Gurken, Tomaten aber auch Zitrusfrüchte kühlen unseren aufgeheizten Körper und versorgen uns mit viel Wasser.
  - o Außerdem müssen bei saisonalen Pflanzen weniger chemische Helferlein eingesetzt werden, da die

passenden Umweltfaktoren das Wachstum sowieso fördern.

- Regionalität
    - Damit einher geht auch der Faktor der Regionalität. Regionale pflanzliche Lebensmittel werden reif geerntet und haben somit alle Nährstoffe entwickeln können. Im Gegensatz dazu wird Obst und Gemüse aus ferneren Ländern unreif geerntet und nur durch den Einsatz von chemischen Mitteln unnatürlich "nachgereift" - bzw. nur nach-gefärbt. Die Dichte der Nährstoffe und auch der Geschmack kann dabei niemals mit regionalen Lebensmitteln mithalten. (Sie haben es vielleicht schon selber erlebt, dass eine Südfrucht aus dem jeweiligen Ursprungsland dort im Urlaub viel süßer und vollmundiger schmeckt als die gleiche Frucht aus dem zentraleuropäischen Supermarkt).
- Pflanzenbasierte Ernährung
    - Ja, diese Basis teilen selbst die Anhänger der Fleischdiät mit den Veganern. Denn bei der Fleischdiät geht es auch um Fleisch von Tieren, die sich artgerecht, sprich von vielen Gräsern und Kräutern ernährt haben. Die Masse an Getreide in der heutigen Ernährung - egal ob bei Mensch oder Tier - entspricht nicht der natürlichen Ernährungsweise. Sie macht uns krank, dick und manche behaupten sogar dumm (das weist auf die Schädigung der neuronalen Netzwerke hin, die durch den Konsum von Kohlenhydraten passiert hin). Pflanzen im Sinne von Gemüse, Kräutern, Salaten, Sprossen, in geringen Mengen Obst, Nüsse, Samen, etc. liefern neben den viel beschriebenen Vitaminen und Mineralstoffen vor allem sekundäre Pflanzenstoffe, die herausragende Heilwirkung haben. So werden eine Vielzahl unserer Medikamente auf Basis der natürlich vorkommenden Pflanzenstoffe nachgebaut. Allerdings sind da diverse Säuren und andere Wirkstoffe extrahiert und wirken nur alleine - mit den Pflanzen selbst nehmen wir sie in einer reichhaltigen und sich gegenseitig verstärkenden Kombination vielerlei wirksamer Stoffe zu uns.

Ja zusätzlich zu diesen 3 großen Punkten gibt es immer noch sehr viel zu beachten. Ein optimales Verhältnis von Omega 3 zu Omega 6 Fettsäuren (empfohlen wird 1:3), eine individuell und situationsbedingte

Eiweißversorgung und so weiter.

Eine ganz gute und einfache Richtlinie für die alltägliche Ernährung bietet der ideale Teller. Der sieht so aus, dass möglichst jede Mahlzeit zur Hälfte aus pflanzlichen Bestandteilen besteht, ein Viertel der Eiweißversorgung dient und ein Viertel die Mahlzeit durch gute Fette und eventuell Kohlenhydrate abrundet.

Die Feinjustierung rund um die Zubereitungsarten, die Zusammenstellungen und so weiter sehe ich als sehr individuell an. Es gibt meines Erachtens nicht die 1 perfekte Ernährung. Es gibt so viele großartige Philosophien und Studien, die alle wunderbare Heilungen berichten und sich dabei aber gegenseitig ausschließen. Was auf den ersten Blick vielleicht paradox wirkt, eröffnet bei näherer Betrachtung ganz viele Möglichkeiten des Probierens und neuer Chancen.

Neben der Ernährung werden noch folgende Faktoren genannt:
- die Giftstoffbelastung in unserer Umwelt sowie in Pflegeprodukten oder eben in der Ernährung
- eine Balance aus Aktivität, (kurzzeitigem) Stress und der Entspannung wie auch Schlaf
- Aufarbeitung der emotionalen Wunden aus der Vergangenheit und Steigerung der Resilienz
- Biologische Zahnheilkunde
- eine optimierte Versorgung durch Heilkräuter, Heilpilze udgl.
- Früherkennung durch bewährte und schonende Verfahren

1.2   Beschreibung

(Ausscheidungsinsuffizienz). Ursachen: Plötzlicher Blutverlust beziehungsweise Blutdruckabfall, Hämolyse
Akute Schädigung durch Toxine (bakterieller Infekt, Pilztoxine ...) oder Medikamente.
Symptome: Oligurie oder Anurie
Therapie: Vorübergehende Dialysebehandlung mit parenteraler Ernährung und/oder Sondenernährung
- anschließend eiweißnormierte Kost (0,8 g pro kg Körpergewicht) mit biologisch hochwertigem Eiweiß
- kochsalznormiert (<=5 g/Tag)
- ev. Kalium bzw. Phosphor einschränken
- Flüssigkeit nach Bilanz.

1.3 Therapiestrategie

Eiweißnormierte Kost; biologisch hochwertiges Eiweiß; Kochsalz,
Kalium und Phosphor bei Bedarf einschränken; Flüssigkeitszufuhr nach
Anweisung des behandelnden Arztes.

Das verzehrte Eiweiß sollte eine hohe biologische Wertigkeit besitzen,
welche der Körper nicht selbst produzieren kann (essenzielle
Aminosäuren). Die Kombination verschiedener Proteinquellen sichert
die Versorgung mit allen wichtigen Verbindungen. Ideale
Proteingemische sind zum Beispiel Kartoffel und Ei, Bohnen und Ei,
Milch und Weizen, Ei und Weizen sowie Hülsenfrüchte und Weizen.
Empfohlen wird auch der Verzehr von eiweißarmen Spezialprodukten
wie eiweißarmem Mehl und daraus hergestellten Produkten (Brot,
Gebäck).

Die tägliche Trinkmenge richtet sich nach der Urinausscheidung
innerhalb von 24 Stunden. So viel Flüssigkeit, wie Sie ausscheiden,
sollten Sie dem Körper auch wieder zuführen - plus etwa einen halben
Liter zusätzlich pro Tag. Bedenken Sie dabei jedoch, dass Sie einen
Teil des Flüssigkeitsbedarfs auch über die Nahrung abdecken.

1.4 Vermeiden

Natrium-, kalium- und phosphorreiche Speisen und Getränke.
Biologisch wenig hochwertiges Eiweiß.

Meiden Sie Lebensmittel mit produktionsbedingtem Phosphatzusatz wie
Schmelzkäse, Kochkäse, Dosenmilch und manche Wurstsorten. Auf
den Zutatenlisten von Lebensmitteln können Sie Phosphatzusätze an
den E-Nummern E 338 bis E 341, E 450 a bis c, E 540, E 543 und E
544 erkennen

2 Speiseplan

2.1 Frühstück

Birnensaft.. 180,0
Cranberrisaft 43,5
Dicke Erbsensuppe für den Winter 123,6
Erfrischende Gurkensuppe mit Kartoffeln...................... 148,3
Fein gewürzte Zucchini mit Tomaten............................. 203,2
Geriebener Apfel... 120,0
Gerstenbrei mit Beeren... 112,6
Gerstenbrei mit gedünsteter Birne................................. 113,8
Gerstenbrei mit Pflaumen 106,8
Getreidekaffee mit Kardamom... 3,6
Gurkensuppe 95,7
Haferflockensuppe mit Frühlingszwiebeln und Karotten 134,8
Heidelbeermus.. 10,9
Hirse mit Birnen 213,2
Kartoffeln mit Löwenzahnsalat 162,1
Kompott aus Äpfeln 67,3
Kompott aus Rhabarber.. 48,2
Kürbis-Joghurt-Suppe.. 68,2
Obstsaftgetränk 175,5
Polenta mit Pfirsich 197,2
Reis mit Pastinake 206,5
Rosmarinkartoffeln.. 188,7
Tee aus Grüntee... 3,0
Tee aus Ingwer mit Honig... 4,9
Tee aus Schwarztee (Russischer Tee) 7,9

2.2 Jause

Gerstenbrei mit Beeren... 112,6

2.3 Mittag

Antipasti 100,1
Aprikosen-Preiselbeer-Eis 106,6
Aubergine mit Olivenöl und Kurkuma 432,3
Birnensaft.. 180,0

2.4 Nachmittag

2.5 Abend

3 Rezepte

empfehlenswert = Sie können mehr verwenden
wenig = wenn möglich weniger verwenden
weniger als angegeben = möglichst nicht verwenden

3.1 Antipasti

Fördert Durchblutung, lindert Entzündungen und Schmerzen,
harntreibend, senkt Blutdruck, antioxidativ, antibakteriell, regt Kreislauf
an. Hilft bei: Appetitlosigkeit, Magen- und Verdauungsschwäche,
Blähungen.

Anzahl Portionen: 3
Kalorien p. Portion 100
Gramm p. Portion 246,83
Kochdauer ca. 40 min.
Allergene:
(Kohlehydrat:53,79% / Eiweiß & Fett:46,21%)
100g.≈ Eiweiß 2,75g. Fett:5,61g.
µg. - Ph:7,93 Na:1,08 Ka:67,5 Mg:5,14 Ca:7,21 Fe:0,24 Zn:0,03 Col.:0 Hsr.:5,8

Zutaten:
Peperoni 1 Stück / 5g. (ja)
Zitrone Saft 1 EL / 10g. (ja)
Aubergine 1 Stück / 300g. (ja)
Tomate 4 Stück / 200g. (ja)
Zucchini 200 g. / 200g. (ja)
Zitrone Schale 1/2 Stück / 3g. (ja)
Olivenöl 1 EL / 15g. (ja)
Basilikum (frisch) 8 Blätter / 5g. (ja)
Salz 1 Prise / 0,5g. (wenig)
Koriander 1/2 TL / 2g. (ja)

Kochanleitung:
Peperoni im Ofen bei 250 Grad backen, bis die Schale dunkel wird (ca.
20 Min.). Die Peperoni abdecken und auskühlen lassen, häuten und in
ca. 2 cm breite Streifen schneiden. Tomaten halbieren und gemeinsam
mit den in Scheiben geschnittenen Auberginen mit Öl bestreichen und
im Ofen bei 200 Grad goldbraun backen (ca. 10 Min.).
Zucchinischeiben in Grillpfanne (ohne Fett) anbraten. Alles zusammen
anrichten, die Marinade aus Olivenöl, Salz und Zitronenschale mischen
und über das Gemüse gießen. Mit Koriander bestreuen und 1 Std.
ziehen lassen.

3.2 Apfel-Sellerie-Suppe mit geröstetem Fenchel

Senkt Blutdruck, stärkt Immunsystem und Magen, löst Stagnation, ist mineralstoff- und vitaminreich, lindert Verstopfung, hat stoffwechselfördernde und entwässernde Heilwirkung.

Anzahl Portionen: 5
Kalorien p. Portion 191
Gramm p. Portion 299,12
Kochdauer ca. 1 Stunde
Allergene: L
(Kohlehydrat:64,84% / Eiweiß & Fett:35,16%)
100g.≈ Eiweiß 9,92g. Fett:8,32g.
µg. - Ph:12,47 Na:9,59 Ka:40,78 Mg:12,02 Ca:47,51 Fe:0,26 Zn:0,01 Col.:0 Hsr.:6,06

Zutaten:
Sellerie Knolle 1 Stück / 350g. (ja)
Apfel (sauer) 1 Stück / 175g. (wenig)
Zwiebel weiss 1 Stück / 100g. (ja)
Rapsöl 2 EL / 20g. (ja)
Grundrezept für eine Gemüsebrühe nahrhaft 600 ml. / 600g. (wenig)
Fenchel 1 Stück / 150g. (ja)
Salz 1 Prise / 0,5g. (wenig)
Pfeffer gemahlen 1 Prise / 0,1g. ()
Sojacreme 100 ml. / 100g. (wenig)

Kochanleitung:
Zwiebel und Sellerie schälen und grob würfeln. Apfel schälen, vierteln, das Kerngehäuse entfernen und in grobe Würfel schneiden. Die Hälfte des Öls in einem großen Topf erhitzen und die Zwiebelwürfel darin 2-3 Min. bei mittlerer Hitze glasig dünsten. Sellerie- und Apfelstücke dazugeben und 1 Min. dünsten. Gemüsebrühe (nach Grundrezept) dazugießen, alles aufkochen und bei kleiner Hitze zugedeckt etwa 45 Min. garen. In der Zwischenzeit den Fenchel putzen, waschen, abtropfen lassen und fein würfelig schneiden. Restliches Öl in einer Pfanne erhitzen und Fenchelwürfel darin bei mittlerer Hitze unter ständigem Rühren rösten, bis alles gut gebräunt und weich ist. Mit Salz und Pfeffer würzen und warm halten. Suppenzutaten in der Brühe mit einem Stabmixer fein pürieren. Apfel-Sellerie-Suppe durch ein Sieb streichen (passieren) und zurück in den Topf gießen. Sojacreme dazugeben und alles nochmals ca. 1 Min. erhitzen. Apfel-Sellerie-Suppe mit Salz und Pfeffer abschmecken. Auf Suppenteller verteilen und mit dem gerösteten Fenchel garniert servieren.

3.3 Aprikosen-Preiselbeer-Eis

Erhöht Widerstandskraft gegen Infektionen, gut bei
Mundschleimhautentzündung und Durchfall. Wirkt positiv auf
Harnwegsorgane.

Anzahl Portionen: 2
Kalorien p. Portion 107
Gramm p. Portion 222,5
Kochdauer ca. 5 Min.
Allergene:
(Kohlehydrat:90,83% / Eiweiß & Fett:9,17%)
100g.≈ Eiweiß 1,91g. Fett:0,48g.
µg. - Ph:7,93 Na:0,94 Ka:107,17 Mg:4,69 Ca:8,02 Fe:0,03 Zn:0,01 Col.:0 Hsr.:8,57

Zutaten:
Marillen 350 g. / 350g. (wenig)
Wasser 50 ml. / 50g. (ja)
Preiselbeere 3 EL / 45g. (wenig)

Kochanleitung:
Aprikosensaft mit dem Preiselbeersirup vermischen. Den Saft in
Schleckeis-Förmchen füllen, ins Tiefkühlfach stellen und in ca. 3 Std.
gefrieren lassen.

3.4 Aubergine mit Olivenöl und Kurkuma

Fördert Durchblutung, lindert Entzündung und Schmerzen, fördert
Verdauung, hilft Fett zu verdauen, ist harntreibend, senkt Blutdruck.

Anzahl Portionen: 2
Kalorien p. Portion 432
Gramm p. Portion 321,5
Kochdauer ca. 30 Min.
Allergene: A
(Kohlehydrat:47,45% / Eiweiß & Fett:52,55%)
100g.≈ Eiweiß 6,14g. Fett:30,66g.
µg. - Ph:12,28 Na:20,77 Ka:85,6 Mg:5,48 Ca:7,09 Fe:0,18 Zn:0,05 Col.:0,02 Hsr.:9,67

Zutaten:
Aubergine 2 Stück / 300g. (ja)
Olivenöl 4 EL / 60g. (ja)
Tomate 4 Stück / 200g. (ja)
Kurkuma (Gelbwurz) 1/2 TL / 1g. (wenig)
Kümmel 1 Prise / 1g. (ja)
Salz 1 Prise / 1g. (wenig)
Weißbrot (Weizenbrot) 4 Scheiben / 80g. (ja)

Kochanleitung:
Aubergine in Scheiben schneiden und mit halbierten Tomaten auf einem Backblech ausbreiten. Mit Olivenöl beträufeln und mit Kurkuma, Kümmel und Salz würzen. Im Ofen 20 Min. backen. Mit dem Weißbrot servieren.

3.5 Birnensaft

Fördert Verdauung, harntreibend.
Anzahl Portionen: 2
Kalorien p. Portion 180
Gramm p. Portion 300
Kochdauer ca. 5 min.
Allergene:
(Kohlehydrat:93,06% / Eiweiß & Fett:6,94%)
100g.≈ Eiweiß 1,8g. Fett:1,2g.
µg. - Ph:7,5 Na:1 Ka:62,5 Mg:3,5 Ca:4,5 Fe:0,15 Zn:0,05 Col.:0 Hsr.:7,5

Zutaten:
Birne 3 Stück / 600g. (wenig)

Kochanleitung:
Bio-Birnen mit Schale (Vitamine sind vor allem unter der Schale) vierteln, entkernen und in der Saftpresse entsaften.

3.6 Blitzschnelle Zucchinisuppe

Harntreibend, stärkt Magen-Darm-Funktion, erweitert Blutgefäße, bakterizid, beugt Krebs vor, beugt Krankheiten vor (bei älteren Menschen), regt Leberfunktion an, entgiftet.
Anzahl Portionen: 4
Kalorien p. Portion 42
Gramm p. Portion 241,5
Kochdauer ca. 10 min
Allergene:
(Kohlehydrat:46,03% / Eiweiß & Fett:53,97%)
100g.≈ Eiweiß 1,77g. Fett:2,05g.
µg. - Ph:3,81 Na:0,41 Ka:29,78 Mg:3,2 Ca:5,37 Fe:0,22 Zn:0,01 Col.:0 Hsr.:2,85

Zutaten:
Zucchini 2-3 Stück / 500g. (ja)
Zwiebel weiss 1 Stück / 50g. (ja)
Maiskeimöl 2 EL / 6g. (ja)
Petersilie 1 EL / 7g. (ja)
Lauchzwiebel Schnittlauch 1 TL / 3g. (ja)
Wasser 1/2 Liter / 400g. (ja)

Kochanleitung:
Gehackte Zwiebel in Öl andünsten. In Scheiben geschnittene Zucchini zufügen und gut andünsten. Mit Wasser aufgießen. Petersilie und Schnittlauch grob gehackt zufügen und alles pürieren.

3.7 Brokkolicrèmesuppe

Gegen Thrombose, fördert Schilddrüsenfunktion, stärkt das Immunsystem, fördert Aufbau und Erhalt von gesunden Knochen, Zähnen, Haaren und Nägeln. Senkt Blutdruck, bakterizid, beugt Krebs vor, reduziert Strahlenverletzungen.

Anzahl Portionen: 6
Kalorien p. Portion 98
Gramm p. Portion 251,25
Kochdauer ca. 30 min.
Allergene: LO
(Kohlehydrat:78,7% / Eiweiß & Fett:21,3%)
100g.≈ Eiweiß 4,18g. Fett:1,91g.
µg. - Ph:6,81 Na:2,68 Ka:26,22 Mg:8,36 Ca:32,5 Fe:0,16 Zn:0,01 Col.:0 Hsr.:2,7

Zutaten:
Olivenöl 2-3 EL / 7g. (ja)
Brokkoli 500 g. / 500g. (wenig)
Karotte (Mohrrübe, Möhre) 2 Stück / 150g. (ja)
Kartoffel 2 Stück / 120g. (wenig)
Zwiebel weiss 1 Stück / 50g. (ja)
Wasser 1 Tasse / 50g. (ja)
Grundrezept für eine Gemüsebrühe nahrhaft 1/2 Liter / 500g. (wenig)
Weißwein 1/8 Liter / 125g. (wenig)
Salbei 1 TL / 2g. (ja)
Rosmarin 1 TL / 2g. (ja)
Pfeffer gemahlen 1 Prise / 0,5g. ()
Salz 1 Prise / 1g. (wenig)

Kochanleitung:
Olivenöl in die Pfanne geben, den gewaschenen und in Stücke geschnittenen Brokkoli, gewürfelte Karotten und Kartoffeln zugeben, kurz andünsten, klein geschnittene Zwiebel zufügen und alles mindestens drei fingerbreit mit Wasser auffüllen. Mit Brühe und ganz wenig Weißwein aufgießen und mit Salz, geschnittenem Salbei und Rosmarin würzen, aufkochen lassen und auf kleinem Feuer ca. 25 Min. köcheln lassen. Mit Pfeffer und evtl. noch mal Meersalz würzen und alles pürieren.

3.8 Chicoréesalat mit Mandarinen

Löst Schleim, steckt voller Vitamine (A,B,C), fördert Verdauung, stärkt Magen, fördert Gewichtsabnahme. Gut bei: Abwehrschwäche, Appetitlosigkeit, Blähungen.

Anzahl Portionen: 3
Kalorien p. Portion 256
Gramm p. Portion 285,17
Kochdauer ca. 10 min.
Allergene: AGNO
(Kohlehydrat:75,45% / Eiweiß & Fett:24,55%)
100g.≈ Eiweiß 5,46g. Fett:7,69g.
µg. - Ph:8,48 Na:15,24 Ka:55,37 Mg:3,93 Ca:9,35 Fe:0,13 Zn:0,01 Col.:0 Hsr.:7,09

Zutaten:
Mandarine 4 Stück / 300g. (wenig)
Chicorée 2-3 Stück / 300g. (ja)
Sesamöl 2 EL / 18g. (wenig)
Pfeffer gemahlen 1 Prise / 0,5g. ()
Salz 1 Prise / 1g. (wenig)
Essig Aceto Balsamico 2 TL / 6g. (ja)
Orange 1/2 Stück / 70g. (ja)
Zitrone 1/2 Stück / 25g. (ja)
Paprika (Rosenpaprikapulver) 1 Prise / 1g. (ja)
Orangenmarmelade 1 TL / 4g. (wenig)
Sahne, süß 30% 1 EL / 10g. (wenig)
Weißbrot (Weizenbrot) 6 Scheiben / 120g. (ja)

Kochanleitung:
Mandarinen schälen und in mundgerechte Stücke schneiden. Chicorée grob schneiden und beides vermischen. Dressing: Sesamöl, Pfeffer, Salz, Himbeeressig oder Balsamico-Essig, etwas Zitronen- oder Orangensaft, Rosenpaprika, Orangenmarmelade (ersatzweise eine andere Marmelade) und wenig süße Sahne gut durchrühren, über den Salat geben und kurz durchziehen lassen.

3.9 Cranberrisaft

Antibakteriell, harntreibend. Gut bei Appetitlosigkeit, Arteriosklerose, Blasenentzündung, Durchfall, Fieber, Gicht, Magengeschwür, Mundschleimhautentzündung, Rheuma. Gegen freie Radikale, gegen Erkältung. Beugt Vitamin-C-Mangel vor.

Anzahl Portionen: 1
Kalorien p. Portion 43
Gramm p. Portion   160
Kochdauer ca.   5 Min.
Allergene:
(Kohlehydrat:98,46% / Eiweiß & Fett:1,54%)
100g.≈ Eiweiß 0,14g. Fett:0,02g.
µg. - Ph:2,06 Na:1,53 Ka:11,69 Mg:1,16 Ca:4,22 Fe:0,09 Zn:0,1 Col.:0 Hsr.:3,12

Zutaten:
Cranberries 2 EL / 25g. (wenig)
Wasser 1 Tasse / 125g. (ja)
Honig 1 EL / 10g. (ja)

Kochanleitung:
Cranberries und etwas Wasser mit dem Pürierstab zu einem Brei mixen. Mit dem restlichen Wasser aufgießen und mit Honig süßen.

3.10 Dicke Erbsensuppe für den Winter

Stärkt Leber, Nieren und Abwehrkraft. Ist harntreibend, entgiftend, löst Stagnation, fördert Durchblutung.

Anzahl Portionen: 3
Kalorien p. Portion 124
Gramm p. Portion   255
Kochdauer ca.   2-3 Stunden
Allergene: AN
(Kohlehydrat:46,79% / Eiweiß & Fett:53,21%)
100g.≈ Eiweiß 4,37g. Fett:7,31g.
µg. - Ph:10,32 Na:0,75 Ka:22,49 Mg:3,65 Ca:4,66 Fe:0,17 Zn:0,04 Col.:0 Hsr.:15,62

Zutaten:
Erbse, grün 150 g. / 150g. (wenig)
Wasser 600 ml. / 550g. (ja)
Sesamöl 1 EL / 20g. (wenig)
Zwiebel weiss 1/2 Stück / 25g. (ja)
Ingwer frisch 1/2 TL / 1g. (ja)
Kümmel 1/2 TL / 1g. (ja)
Hafer Schrot 1 EL / 15g. (ja)
Salz 1 Prise / 1g. (wenig)
Petersilie 1 Stängel / 2g. (ja)

Kochanleitung:
Erbsen vorher einweichen. Sesamöl in einem Topf erhitzen und kleingeschnittene Zwiebel, Haferschrot, Ingwer und Kümmel darin anbraten. Erbsen zugeben und 2-3 Std. köcheln. Am Ende Salz zufügen und mit Petersilie garnieren.

3.11 Erdbeersuppe mit Melonen

Lindert Schmerzen und Entzündungen bei Rheuma, ist harntreibend, hilft bei Verstopfung.
Anzahl Portionen: 2
Kalorien p. Portion 87
Gramm p. Portion   285,5
Kochdauer ca.   5 Min.
Allergene:
(Kohlehydrat:86,25% / Eiweiß & Fett:13,75%)
100g.≈ Eiweiß 2,04g. Fett:0,84g.
µg. - Ph:11,96 Na:3,07 Ka:101,16 Mg:6,79 Ca:10,32 Fe:0,28 Zn:0,01 Col.:0 Hsr.:13,35

Zutaten:
Erdbeere 300 g. / 300g. (wenig)
Erdbeersaftgetränk 70 ml / 70g. (wenig)
Zitrone Schale 1/4 TL / 1g. (ja)
Honigmelone 200 g / 200g. (wenig)

Kochanleitung:
Erdbeeren (frisch oder tiefgekühlt) und Erdbeersaft mit dem Mixstab pürieren und etwas Zucker untermischen. Melonenfruchtfleisch in kleine Stücke schneiden. Die Erdbeersuppe portionsweise anrichten und Melonenwürfel in die süße Suppe setzen.

3.12 Erfrischende Gurkensuppe mit Kartoffeln

Harntreibend, entgiftend, unterdrückt Umwandlung von Zucker in Fett, senkt Cholesterinspiegel, beugt Krebs vor, lindert Entzündungen, verbessert Verdauung, löst Stagnation, fördert Durchblutung, fördert Appetit.
Anzahl Portionen: 3
Kalorien p. Portion 148
Gramm p. Portion   307,33
Kochdauer ca.   15 Min
Allergene: GN
(Kohlehydrat:70% / Eiweiß & Fett:30%)
100g.≈ Eiweiß 3,93g. Fett:5,09g.
µg. - Ph:3,72 Na:0,77 Ka:23,54 Mg:1,43 Ca:2 Fe:0,05 Zn:0,02 Col.:0 Hsr.:1,19

Zutaten:
Sesamöl 1 EL / 10g. (wenig)
Kartoffel 4 Stück / 300g. (wenig)
Zwiebel Frühlingszwiebel 3 Stück / 60g. (ja)
Pfeffer gemahlen 1 Prise / 0,5g. ()
Muskatnuss 1 Prise / 1g. (ja)
Salz 1 Prise / 1g. (wenig)
Zitrone 1/2 Stück / 25g. (ja)
Gurke 2 Stück / 500g. (ja)
Sahne, süß 30% 1 EL / 10g. (wenig)
Dill 1 EL / 15g. (ja)

Kochanleitung:
Kleingeschnittene Kartoffeln und reichlich Frühlingszwiebeln in Sesamöl anbraten und mit Pfeffer, etwas Muskat, Salz und Zitronensaft würzen. Heißes Wasser und gewürfelte Salatgurke dazugeben, ca. 10 Min. dünsten und danach pürieren. Etwas süße Sahne nach Belieben und frischen Dill zufügen. Variante: Etwas Chili, Oregano, Thymian oder Rosmarin dazugeben, um die abkühlende Wirkung zu mildern.

3.13 Fein gewürzte Zucchini mit Tomaten

Harntreibend, fördert Verdauung, hilft Fett zu verdauen, senkt Blutdruck, löst Stagnation, antioxidativ, erwärmt den Körper von innen, erweitert die Gefäße.
Anzahl Portionen: 4
Kalorien p. Portion 203
Gramm p. Portion   396,5
Kochdauer ca.   10 Min.
Allergene:
(Kohlehydrat:71,84% / Eiweiß & Fett:28,16%)
100g.≈ Eiweiß 5,39g. Fett:6,62g.
µg. - Ph:10,4 Na:0,79 Ka:35,33 Mg:6,3 Ca:5,58 Fe:0,26 Zn:0,02 Col.:0 Hsr.:5,53

Zutaten:
Olivenöl 1 EL / 20g. (ja)
Zwiebel weiss 2 Stück / 120g. (ja)
Zucchini 4 Stück / 800g. (ja)
Oregano getrocknet 1 Prise / 1g. (ja)
Basilikum (frisch) 6-8 Blatt / 3g. (ja)
Salz 1 Prise / 1g. (wenig)
Tomate 2 Stück / 120g. (ja)
Reis Vollkorn 1 Tasse / 120g. (ja)
Wasser 6 Tassen / 400g. (ja)
Salz 1 Prise / 1g. (wenig)

Kochanleitung:

Fein geschnittene Zwiebeln und klein geschnittene Zucchini in Olivenöl in einer Pfanne anbraten, bis sie halb gar sind und reichlich getrockneten Oregano dazugeben. Salzen und klein geschnittene Tomaten einige Minuten mitdünsten, bis die Zucchini gar, aber noch knackig sind. Mit frischem Basilikum anrichten. Variante: Über die Tomaten etwas Schafskäse geben und mit geschlossenem Deckel zu Ende garen. Den Reis im gesalzenen Wasser aufsetzen, aufkochen lassen und bei kleiner Hitze ca. 15 Min. quellen lassen.

3.14 Gefrorener Ananassaft

Lindert Entzündungen, harntreibend, reinigt die Haut.
Anzahl Portionen: 1
Kalorien p. Portion 29
Gramm p. Portion 50
Kochdauer ca.   1 1/2 Stunden
Allergene:
(Kohlehydrat:95,07% / Eiweiß & Fett:4,93%)
100g.≈ Eiweiß 0,25g. Fett:0,1g.
µg. - Ph:9 Na:2 Ka:173 Mg:17 Ca:16 Fe:0,4 Zn:0,3 Col.:0 Hsr.:7

Zutaten:

Ananas 50 g. / 50g. (wenig)

Kochanleitung:

Ananas selbst entsaften oder Bio-Ananassaft in kleinen Portionen einfrieren und bei Bedarf lutschen.

3.15 Geriebener Apfel

3 x tgl. essen, wirkt stopfend, bindet Wasser im Darm.
Anzahl Portionen: 1
Kalorien p. Portion 120
Gramm p. Portion 200
Kochdauer ca.   10 Min.
Allergene:
(Kohlehydrat:94,21% / Eiweiß & Fett:5,79%)
100g.≈ Eiweiß 0,6g. Fett:0,8g.
µg. - Ph:11 Na:3 Ka:144 Mg:6 Ca:7 Fe:0,5 Zn:0,1 Col.:0 Hsr.:15

Zutaten:

Apfel (sauer) 1 Stück / 200g. (wenig)

Kochanleitung:

Apfel (sauer) schälen und möglichst fein reiben. Danach mindestens 5 Min. stehen lassen, bis er braun geworden ist.

3.16 Gerstenbrei mit Beeren

Harntreibend, stärkt Magen, befeuchtet Darm und Haut, entspannt, stillt Husten, führt leicht ab, stärkt Nieren, fördert Verdauung, entgiftet, treibt Schweiß, reduziert Blutfett, regt an, löst Stagnation.

Anzahl Portionen: 5
Kalorien p. Portion 113
Gramm p. Portion 318,6
Kochdauer ca. 2 Stunden
Allergene: A
(Kohlehydrat:82,48% / Eiweiß & Fett:17,52%)
100g.≈ Eiweiß 4,02g. Fett:0,78g.
µg. - Ph:7,36 Na:0,55 Ka:13,46 Mg:3,14 Ca:2,78 Fe:0,08 Zn:0,01 Col.:0 Hsr.:2,4

Zutaten:
Wasser 10 Tassen / 1200g. (ja)
Gerste 1 Tasse / 120g. (ja)
Ingwer frisch 2 Scheiben / 2g. (ja)
Kardamom 3 Kapseln / 1g. (wenig)
Salz 1 Prise / 1g. (wenig)
Himbeere 250 g. / 250g. (wenig)
Kakao 1 Prise / 1g. (wenig)
Gerstenmalz 1 EL / 15g. (ja)
Zitronenmelisse (frisch) 2-4 Blätter / 3g. (ja)

Kochanleitung:
Gerste mit Wasser, Ingwer und Kardamomkapseln in einem großen Topf aufkochen. Mit einem Deckel fest verschließen und auf kleiner Stufe etwa 2 Std. lang kochen. Für 2 Portionen vom gekochten Gerstenbrei etwa 2 Schöpflöffel in eine Schüssel geben. Mit Sonnenblumenkernen, Malz, Kakaopulver und einer Prise Salz verrühren. Frische Beeren in den Brei rühren und mit frischer Minze oder Melisse bestreut servieren. Tipp: Der vorgekochte Gerstenbrei (ohne Früchte) kann gut im Kühlschrank aufbewahrt und sowohl für süße als auch für pikante Gerichte verwendet werden, z.B. mit gedünstetem Gemüse oder mit Kompott aus Früchten der Saison.

3.17 Gerstenbrei mit gedünsteter Birne

Fördert Verdauung, harntreibend, stärkt Milz und Magen, kühlt Blase, befeuchtet Darm und Haut, entspannt, schweißtreibend.

Anzahl Portionen: 5
Kalorien p. Portion 113
Gramm p. Portion 305,8
Kochdauer ca. 25 Min.
Allergene: A
(Kohlehydrat:86% / Eiweiß & Fett:14%)
100g.≈ Eiweiß 3,26g. Fett:0,72g.
µg. - Ph:1,16 Na:0,11 Ka:2,09 Mg:0,44 Ca:0,33 Fe:0,01 Zn:0,01 Col.:0 Hsr.:0,42

Zutaten:
Wasser 10 Tassen / 1200g. (ja)
Gerste 1 Tasse / 120g. (ja)
Ingwer frisch 2 Scheiben / 2g. (ja)
Kardamom 3 Kapseln / 1g. (wenig)
Salz 1 Prise / 1g. (wenig)
Birne 1 Stück / 200g. (wenig)
Zucker Ursüße (Zuckerrohr) süß 1/2 EL / 5g. (ja)

Kochanleitung:
Die Gerste zu grobem Schrot mahlen und trocken anrösten. Heißes Wasser aufgießen, Ingwer und Kardamom hinzufügen und bei wenig Hitze zu einem Brei quellen lassen. Birne schälen und würfeln und mit wenig Wasser 10 Min. dünsten. Am Ende die gedünstete Birne mit etwas Butter und Süßmittel zur Gerste geben. Variante: Wenn es morgens schnell gehen soll, kann man an Stelle von Schrot Gerstenflocken verwenden.

3.18 Gerstenbrei mit Pflaumen

Stärkt Milz und Magen, kühlt Blase, harntreibend, befeuchtet Darm, entspannt, reduziert innere Hitze, produziert Körpersäfte, befeuchtet Lunge, reduziert innere Trockenheit.

Anzahl Portionen: 5
Kalorien p. Portion 106
Gramm p. Portion 289,6
Kochdauer ca. 25 Min.
Allergene: AG
(Kohlehydrat:81% / Eiweiß & Fett:19%)
100g.≈ Eiweiß 3,15g. Fett:1,57g.
µg. - Ph:1,2 Na:0,1 Ka:2,2 Mg:0,44 Ca:0,34 Fe:0,01 Zn:0,01 Col.:0,04 Hsr.:0,42

Zutaten:
Wasser 10 Tassen / 1200g. (ja)
Gerste 1 Tasse / 120g. (ja)
Pflaume 1 Tasse / 120g. (wenig)
Butter Bio 2 TL / 6g. (ja)
Zucker Ursüße (Zuckerrohr) süß 1/2 TL / 2g. (ja)

Kochanleitung:
Die Gerste zu grobem Schrot mahlen und trocken anrösten. Heißes
Wasser aufgießen und bei wenig Hitze zu einem Brei quellen lassen.
Am Ende Pflaumen, etwas Butter und Süßmittel zugeben. Variante:
Wenn es morgens schnell gehen soll, kann man an Stelle von Schrot
Gerstenflocken verwenden.

3.19 Getreidekaffee mit Kardamom

Harntreibend, stärkt Magen, befeuchtet Darm, befeuchtet die Haut,
entspannt, vermindert Fettgewebe.
Anzahl Portionen: 1
Kalorien p. Portion 4
Gramm p. Portion   136
Kochdauer ca.   5 Min.
Allergene:
(Kohlehydrat:98,58% / Eiweiß & Fett:1,42%)
100g.≈ Eiweiß 0,12g. Fett:0,08g.
µg. - Ph:1,29 Na:1,02 Ka:7,9 Mg:2,49 Ca:5,37 Fe:0,08 Zn:0,09 Col.:0 Hsr.:0

Zutaten:
Getreidekaffee 1 EL / 15g. (ja)
Kardamom 2 Kerne / 1g. (wenig)
Wasser 1 Tasse / 120g. (ja)

Kochanleitung:
Wasser, Kaffee, Zucker und Kardamom aufkochen und setzen lassen.

3.20 Grapefruitsaft

Fördert Verdauung, senkt Blutzucker, trocknet aus, liefert Vitamin C.
Anzahl Portionen: 1
Kalorien p. Portion 108
Gramm p. Portion   250
Kochdauer ca.   5 Min.
Allergene:
(Kohlehydrat:92,45% / Eiweiß & Fett:7,55%)
100g.≈ Eiweiß 1,5g. Fett:0,5g.
µg. - Ph:17 Na:2 Ka:180 Mg:10 Ca:18 Fe:0,3 Zn:0,2 Col.:0 Hsr.:15

Zutaten:
Grapefruit/Pampelmuse/Pomelo 1 Glas / 250g. (ja)

Kochanleitung:
Frische Grapefruit entsaften oder Biosaft verwenden.

3.21 Grundrezept für eine nahrhafte Gemüsebrühe

Senkt Blutdruck und Blutfett, bakterizid, stärkt Immunsystem, beugt Krebs vor, stärkt Magen, löst Stagnation, fördert Gewichtsabnahme, hilft bei Appetitlosigkeit, Blähungen, Bluthochdruck, Depressionen, Diabetes, Durchfall.

Anzahl Portionen: 5
Kalorien p. Portion 48
Gramm p. Portion   240,6
Kochdauer ca.   2-3 Stunden
Allergene: L
(Kohlehydrat:71,3% / Eiweiß & Fett:28,7%)
100g.≈ Eiweiß 1,57g. Fett:1,31g.
µg. - Ph:4,86 Na:3,67 Ka:25,68 Mg:1,8 Ca:6,32 Fe:0,1 Zn:0,01 Col.:0 Hsr.:2,78

Zutaten:
Olivenöl 1 EL / 4g. (ja)
Zwiebel weiss 1 Stück / 60g. (ja)
Karotte (Mohrrübe, Möhre) 3 Stück / 200g. (ja)
Pastinake 150 g. / 150g. (ja)
Sellerie Knolle 1 Tasse / 100g. (ja)
Ingwer frisch 1/2 TL / 2g. (ja)
Zitrone 1/2 Stück / 25g. (ja)
Wacholderbeere 6 Stück / 6g. (ja)
Thymian getrocknet 1 Prise / 1g. (ja)
Liebstöckel 1 EL / 3g. (ja)
Lorbeerblatt 2 Blätter / 1g. (ja)
Salz 1 Prise / 1g. (wenig)
Wasser 3/4 Liter / 650g. (ja)

Kochanleitung:
Gemüse würfelig schneiden. Öl in einem Topf erhitzen, die Zwiebel und das Gemüse darin anbraten, Ingwer und Lorbeer zugeben. Mit kaltem Wasser aufgießen, Zitronensaft zufügen und mit Wacholder, Thymian und Liebstöckel würzen. 2-3 Std. auf kleiner Stufe zugedeckt köcheln lassen. Brühe durch ein Sieb streichen und im Kühlschrank aufbewahren. Sie dient als Suppengrundlage und verfeinert Gemüse, Hülsenfrüchte oder Getreide.

3.22 Grundrezept für eine Reissuppe (Congee)

Niedriger Fettgehalt, zur Entwässerung des Körpers bei Übergewicht und Bluthochdruck.

Anzahl Portionen: 3
Kalorien p. Portion 140
Gramm p. Portion 273,33
Kochdauer ca. 2-4 Stunden
Allergene:
(Kohlehydrat:89,71% / Eiweiß & Fett:10,29%)
100g.≈ Eiweiß 2,96g. Fett:0,48g.
µg. - Ph:5,85 Na:0,58 Ka:5,02 Mg:3,41 Ca:1,72 Fe:0,03 Zn:0,02 Col.:0 Hsr.:6,34

Zutaten:
Reis Sorte beliebig 1 Tasse / 120g. (ja)
Wasser 6 Tassen / 700g. (ja)

Kochanleitung:
Man kocht Reis und Wasser in einem Verhältnis von etwa 1:6. Die Menge des Wassers bestimmt die Dicke des Breis (reine Geschmackssache). Der Reis quillt unwahrscheinlich auf, nehmen Sie also nicht viel. Geben Sie den Reis in einen Topf mit einem schweren Deckel. Wichtig ist, den Reis nach kurzem Aufkochen nur auf kleinster Stufe köcheln zu lassen, da er sonst anbrennt. Kochen Sie den Reis 2-4 Stunden. Je länger er kocht, desto stärkender wirkt er. Wenn Sie das Gericht zum Frühstück essen möchten, können Sie den Reis auch kurz vor dem Zubettgehen aufsetzen. Sicherheitshalber sollten Sie vorher einmal unter Beobachtung für eine ähnlich lange Zeit das Verhalten Ihres Topfes und Herdes prüfen, damit nichts anbrennt.

3.23 Gurkensalat

Gurke kühlt und befeuchtet, entgiftet, unterdrückt Umwandlung von Zucker in Fett, senkt Cholesterinspiegel, beugt Krebs vor, ist harntreibend. Dill wirkt gegen Blähungen, ist krampflösend bei Magen-Darm-Beschwerden.

Anzahl Portionen: 2
Kalorien p. Portion 27
Gramm p. Portion 206
Kochdauer ca. 5 min.
Allergene: O
(Kohlehydrat:68% / Eiweiß & Fett:32%)
100g.≈ Eiweiß 1,61g. Fett:0,4g.
µg. - Ph:5,92 Na:2,32 Ka:35,15 Mg:2,16 Ca:4,03 Fe:0,12 Zn:0,05 Col.:0 Hsr.:1,94

Zutaten:
Gurke 1 Stück / 400g. (ja)
Salz 1 Prise / 1g. (wenig)
Dill 1 Prise / 1g. (ja)
Essig (Apfelessig) 1 EL / 10g. (ja)

Kochanleitung:
Bio-Gurke mit Schale, konventionelle Gurke schälen, dünn schneiden
und würzen.

3.24 Gurkensuppe

Kühlt und befeuchtet, harntreibend, entgiftend, unterdrückt
Umwandlung von Zucker in Fett, senkt Cholesterinspiegel, beugt Krebs
vor, fördert Verdauung, schweißtreibend, reduziert Wind, gegen
Hefepilzinfektionen.
Anzahl Portionen: 4
Kalorien p. Portion 96
Gramm p. Portion   235,38
Kochdauer ca.   20 min.
Allergene: M
(Kohlehydrat:22,18% / Eiweiß & Fett:77,82%)
100g.≈ Eiweiß 0,92g. Fett:9,03g.
µg. - Ph:2,67 Na:1,28 Ka:15,59 Mg:1,17 Ca:2,57 Fe:0,06 Zn:0,01 Col.:0 Hsr.:0,85

Zutaten:
Olivenöl 2 EL / 35g. (ja)
Gurke 2 Stück / 400g. (ja)
Wasser 1/2 Liter / 500g. (ja)
Salbei 3 Blätter / 3g. (ja)
Senf 1/2 TL / 0,5g. (wenig)
Koriander 1 Prise / 1g. (ja)
Kardamom 1 Prise / 1g. (wenig)
Salz 1 Prise / 1g. (wenig)

Kochanleitung:
Öl erhitzen und die klein geschnittenen Gurken kurz darin anbraten.
Senfkörner, Koriander, Kardamom und Salz dazugeben
 und kurz mitbraten. Mit dem Wasser übergießen und 10-15 Min.
köcheln lassen. Pürieren und mit frisch gehacktem Salbei garnieren.

3.25 Haferflockensuppe mit Frühlingszwiebeln und Karotten

Senkt Blutdruck, ist bakterizid, stärkt Immunsystem, beugt Krebs vor, reduziert Strahlenverletzungen, regt Verdauung an, reduziert Schmerzen, fördert Appetit, löst Stagnation.

Anzahl Portionen: 3
Kalorien p. Portion 135
Gramm p. Portion 266,33
Kochdauer ca. 30 min.
Allergene: AG
(Kohlehydrat:64,93% / Eiweiß & Fett:35,07%)
100g.≈ Eiweiß 3,87g. Fett:5,6g.
µg. - Ph:11,02 Na:3,09 Ka:23,66 Mg:4,24 Ca:7,66 Fe:0,29 Zn:0,05 Col.:0,5 Hsr.:4,9

Zutaten:
Hafer 6 EL / 48g. (ja)
Karotte (Mohrrübe, Möhre) 2 Stück / 200g. (ja)
Butter Bio 1 EL / 15g. (ja)
Muskatnuss 1 Prise / 1g. (ja)
Liebstöckel 1 Stiel / 15g. (ja)
Zwiebel Frühlingszwiebel 2 Stück / 40g. (ja)
Wasser 1/2 Liter / 480g. (ja)

Kochanleitung:
Haferflocken in Butter anrösten, Salz und Gewürze zugeben, mit Wasser aufgießen und aufkochen lassen. Nach 10 Min. die geriebenen Karotten und den Liebstöckel zufügen und weitere 10 Min. kochen. Zwiebeln fein schneiden und dazugeben.

3.26 Heidelbeermus

Heidelbeeren wirken abführend, Nelken lösen Stagnation, Zimtpulver erwärmt Magen und Milz. Baut Blut auf, fördert Durchblutung und Leitbahnfluss.

Anzahl Portionen: 1
Kalorien p. Portion 11
Gramm p. Portion 271,1
Kochdauer ca. 10 Min.
Allergene:
(Kohlehydrat:78,35% / Eiweiß & Fett:21,65%)
100g.≈ Eiweiß 0,2g. Fett:0,32g.
µg. - Ph:0,98 Na:1,01 Ka:5,56 Mg:1,09 Ca:6 Fe:0,06 Zn:0,1 Col.:0 Hsr.:1,48

Zutaten:
Heidelbeere 20 g. / 20g. (wenig)
Zimtpulver 1 Prise / 0,1g. (wenig)
Nelke 1 Stück / 1g. (ja)
Wasser 1/4 Liter / 250g. (ja)

Kochanleitung:
Heidelbeeren mit Zimt und Nelke im Wasser 10 Min. kochen. Zimt und
Nelke entfernen, pürieren und nach Wunsch süßen.

3.27 Hirse mit Birnen

Erfrischend und nährend, fördert Verdauung, harntreibend, stillt Husten,
treibt Schweiß, senkt Blutfett, regt an, löst Stagnation, baut Leber auf,
stärkt Muskeln, befeuchtet Darm, senkt Cholesterinspiegel,
antiparasitär.
Anzahl Portionen: 5
Kalorien p. Portion   213
Gramm p. Portion   238,4
Kochdauer ca.   35 Min.
Allergene: G
(Kohlehydrat:85,54% / Eiweiß & Fett:14,46%)
100g.≈ Eiweiß 3,91g. Fett:3,24g.
µg. - Ph:9,48 Na:0,56 Ka:21,43 Mg:4,96 Ca:2,64 Fe:0,24 Zn:0,02 Col.:0 Hsr.:3,84

Zutaten:
Hirse 1 Tasse / 120g. (ja)
Wasser 2 Tassen / 200g. (ja)
Traubensaft rot 2 Tassen / 240g. (wenig)
Birne 4 Stück / 600g. (wenig)
Ingwer frisch 1/2 TL / 2g. (ja)
Salz 1 Prise / 1g. (wenig)
Acerola Fruchtnektar oder Pulver 1 TL / 2g. (wenig)
Kakao 1 Prise / 1g. (wenig)
Sonnenblumenkerne 2 EL / 4g. (weniger als angegeben)
Gerstenmalz 1/2 TL / 2g. (ja)
Sahne, süß 30% 2 TL / 20g. (wenig)

Kochanleitung:
Hirse in heißem Wasser aufsetzen und gar kochen. Danach:
Traubensaft im Topf erwärmen und kleingeschnittene Birnen, sehr
wenig geriebenen Ingwer, eine kleine Prise Salz, Acerola und eine
Prise Kakao dazugeben und kurz andünsten. Die gekochte Hirse,
Sonnenblumenkerne, etwas Gerstenmalz nach Belieben, 1 TL Sahne
pro Portion oder etwas Butter untermengen und erhitzen.

3.28 Kartoffeln mit Löwenzahnsalat

Stärkt Milz, lindert Entzündungen, regeneriert Haut, harntreibend, senkt Cholesterinspiegel, entgiftet, stärkt Magen und Verdauungssystem, bakterizid, löst Stagnation.

Anzahl Portionen: 2
Kalorien p. Portion 162
Gramm p. Portion 203,25
Kochdauer ca. 25 min.
Allergene:
(Kohlehydrat:70,33% / Eiweiß & Fett:29,67%)
100g.≈ Eiweiß 4,28g. Fett:5,59g.
µg. - Ph:26,55 Na:13,01 Ka:175,89 Mg:11,87 Ca:27,38 Fe:0,61 Zn:0,14 Col.:0,01
Hsr.:14,21

Zutaten:
Kartoffel 250 g. / 250g. (wenig)
Zwiebel weiss 1/2 Stück / 20g. (ja)
Sonnenblumenöl 1 EL / 10g. (wenig)
Löwenzahn (junger) 125 g. / 125g. (ja)
Salz 1 Prise / 1g. (wenig)
Pfeffer weiss (gemahlen) 1 Prise / 0,5g. (ja)

Kochanleitung:
Die Kartoffeln in Salzwasser garen und in dünne Scheiben schneiden. Löwenzahnblätter klein schneiden. Feingehackte Zwiebel und Öl dazugeben, mit Salz und Pfeffer würzen und alles vermischen.

3.29 Kompott aus Äpfeln

Apfel (süß) stoppt Durchfall, fördert Verdauung, regt Appetit an, harmonisiert Magen, erwärmt Magen und Milz, fördert Durchblutung.

Anzahl Portionen: 2
Kalorien p. Portion 67
Gramm p. Portion 220,5
Kochdauer ca. 10 Min.
Allergene:
(Kohlehydrat:95,64% / Eiweiß & Fett:4,36%)
100g.≈ Eiweiß 0,24g. Fett:0,46g.
µg. - Ph:2,81 Na:1,03 Ka:36,45 Mg:1,81 Ca:4,33 Fe:0,13 Zn:0,03 Col.:0 Hsr.:3,74

Zutaten:
Apfel (süß) 1 Stück / 220g. (wenig)
Wasser 2 Tassen / 220g. (ja)
Zimtpulver 1 Prise / 1g. (wenig)

Kochanleitung:
Bio-Apfel mit Schalen und Kernen klein geschnitten im Wasser weich
kochen und mit Zimt bestreuen.

3.30 Kompott aus Rhabarber

Fiebersenkend, schmerzlindernd, entgiftend, bakterizid.
Anzahl Portionen: 1
Kalorien p. Portion 48
Gramm p. Portion 230
Kochdauer ca. 15 Min.
Allergene:
(Kohlehydrat:92,32% / Eiweiß & Fett:7,68%)
100g.≈ Eiweiß 0,64g. Fett:0,1g.
µg. - Ph:11,22 Na:1,7 Ka:119,43 Mg:6,43 Ca:25,43 Fe:0,28 Zn:0,15 Col.:0 Hsr.:2,61

Zutaten:
Rhabarber 100 g. / 100g. (wenig)
Wasser 1 Tasse / 120g. (ja)
Honig 1 EL / 10g. (ja)

Kochanleitung:
Rhabarber waschen und klein schneiden. Im Wasser weich kochen, ein
wenig abkühlen lassen und den Honig dazugeben.

3.31 Kürbis-Joghurt-Suppe

Befeuchtet, entspannt, senkt Blutdruck, stärkt Immunsystem. Gut bei
Abwehrschwäche, Appetitlosigkeit, Blähungen, Diabetes, Durchfall.
Anzahl Portionen: 4
Kalorien p. Portion 68
Gramm p. Portion 239
Kochdauer ca. 15 Min.
Allergene: GL
(Kohlehydrat:82,83% / Eiweiß & Fett:17,17%)
100g.≈ Eiweiß 2,37g. Fett:1,31g.
µg. - Ph:7,17 Na:3,58 Ka:26,41 Mg:11,21 Ca:43,83 Fe:0,07 Zn:0,01 Col.:0,05 Hsr.:1,4

Zutaten:
Grundrezept für eine Gemüsebrühe nahrhaft 300 ml. / 300g. (wenig)
Hokkaidokürbis 500 g. / 500g. (ja)
Ingwer frisch 1/2 TL / 2g. (ja)
Fenchelsamen gemahlen 1/2 TL / 1g. (ja)
Anis (gemeiner Fenchel) 1/4 TL / 1g. (ja)
Joghurt (natur, 1,5 % Fett) 150 g. / 150g. (ja)
Pfefferminze 2 Blätter / 1g. (ja)
Salz 1 Prise / 1g. (wenig)

Kochanleitung:

Gemüsebrühe (nach Grundrezept) zum Kochen bringen. Gewürfelten Kürbis, kleingehackten Ingwer, zerstoßene Fenchelsamen und Anis dazugeben und Suppe zugedeckt ca. 12 Min. köcheln lassen, bis der Kürbis weich ist und dann vom Herd nehmen. Mit dem Mixstab die Suppe mit dem Joghurt fein pürieren und mit feingehackter Minze bestreut servieren.

3.32 Kürbisschnitzel mit Gewürzreis

Stärkt Lunge und Milz, harntreibend, reduziert Blutzucker, schützt und harmonisiert Leber, befeuchtet Darm, kühlt innere Hitze. Zur Entwässerung des Körpers bei Übergewicht und Bluthochdruck.

Anzahl Portionen: 4
Kalorien p. Portion 438
Gramm p. Portion   260,52
Kochdauer ca.   45 Min.
Allergene: AG
(Kohlehydrat:59,16% / Eiweiß & Fett:40,84%)
100g.≈ Eiweiß 4,2g. Fett:27,78g.
µg. - Ph:19,2 Na:5,08 Ka:46,56 Mg:8,07 Ca:12,07 Fe:0,16 Zn:0,02 Col.:0,25 Hsr.:5,34

Zutaten:

Butterschmalz 1/2 EL / 5g. (ja)
Safran 1 Briefchen / 0,1g. (wenig)
Kurkuma (Gelbwurz) 1 TL / 2g. (wenig)
Reis Basmatireis 1 Tasse / 120g. (ja)
Wasser 1 Tasse / 120g. (ja)
Salz 1/2 TL / 2g. (wenig)
Kürbis 6-8 Scheiben / 400g. (ja)
Gerstenmehl 1 Tasse / 10g. (ja)
Brösel (Weizenbrot, Semmel) 1 Tasse / 10g. (ja)
Salz 1/2 TL / 2g. (wenig)
Pfeffer gemahlen 1 Prise / 1g. ()
Butter Bio 1 EL / 10g. (ja)
Sahne, süß 30% 1 1/2 Becher / 300g. (wenig)
Gerstenmehl 2 EL / 20g. (ja)
Lauchzwiebel Schnittlauch 3 EL / 20g. (ja)
Dill 3 EL / 20g. (ja)

Kochanleitung:

Das Fett in einem kleinen Topf schmelzen, Safran und Kurkuma hinzufügen und etwa 1-2 Min. bei mittlerer Hitze leicht rösten, damit die Aromen sich entfalten (Achtung: Die Gewürze dürfen auf keinen Fall verbrennen!). Den Reis zufügen und etwa 2 Min. unter ständigem Rühren braten. Salzen, Wasser dazugießen, umrühren und den Topf mit einem Deckel verschließen. Bei schwacher bis mittlerer Hitze kochen lassen, bis das Wasser fast vollständig aufgesogen ist, dann vom Herd nehmen und mit geschlossenem Deckel beiseite stellen und quellen lassen. Nicht mehr umrühren! Wenn das Wasser vollständig aufgesogen ist, ist der Reis fertig! Mehl, Semmelbrösel, Salz und Pfeffer verrühren. Die Kürbisscheiben mit Wasser oder verrührtem Ei anfeuchten, die Scheiben in der Mehlmischung wenden und vorsichtig in Butter braten, bis sie goldbraun sind und der Kürbis weich ist. In einem kleinen Topf die Butter schmelzen, Gerstenmehl darin bräunen und vom Herd nehmen. Die saure Sahne einrühren, salzen, pfeffern und die gehackten Kräuter unterziehen. Die Soße über die gebratenen Kürbisscheiben geben. Dazu den Reis servieren.

3.33 Kürbissuppe

Fördert Verdauung, stärkt Magen und Milz, senkt Blutdruck, bakterizid, stärkt Immunsystem, beugt Krebs vor, reduziert Strahlenverletzungen, regeneriert Haut, senkt Cholesterinspiegel, senkt Blutzucker, schützt Leber.

Anzahl Portionen: 3
Kalorien p. Portion 104
Gramm p. Portion 236,33
Kochdauer ca. 1 Stunde
Allergene:
(Kohlehydrat:71% / Eiweiß & Fett:29%)
100g.≈ Eiweiß 2,54g. Fett:3,64g.
µg. - Ph:4,02 Na:0,96 Ka:24,72 Mg:1,82 Ca:2,89 Fe:0,08 Zn:0,02 Col.:0 Hsr.:1,08

Zutaten:
Kürbis 300 g. / 300g. (ja)
Karotte (Mohrrübe, Möhre) 2 Stück / 100g. (ja)
Kartoffel 2 Stück / 120g. (wenig)
Olivenöl 1 EL / 10g. (ja)
Zwiebel weiss 1 Stück / 50g. (ja)
Wasser 1 Tasse / 120g. (ja)
Petersilie 1 EL / 7g. (ja)
Anis (gemeiner Fenchel) 1 Prise / 1g. (ja)
Salz 1 Prise / 1g. (wenig)

Kochanleitung:
Olivenöl in einer Pfanne erhitzen. In Würfel geschnittenen Kürbis, gewürfelte Karotten und Kartoffeln dazugeben und kurz anbraten. Klein geschnittene Zwiebel zugeben, mit Wasser auffüllen (Gemüse mindestens drei fingerbreit bedecken), aufkochen und leise köcheln lassen. Mit Meersalz und einer Prise Anis würzen, klein geschnittene Petersilie dazugeben. Alles zusammen ca. 35 Min. köcheln lassen. Anschließend die Suppe pürieren und evtl. Wasser zugeben, je nach Konsistenz.

3.34 Obstsaftgetränk

Stoppt Durchfall, fördert Verdauung, appetitanregend, harmonisiert Magen, lindert Schmerzen, entgiftet, bakterizid,
 senkt Blutdruck, stärkt Immunsystem, beugt Krebs vor, reduziert Strahlenverletzungen.
Anzahl Portionen: 2
Kalorien p. Portion 175
Gramm p. Portion 305
Kochdauer ca. 10 Min.
Allergene:
(Kohlehydrat:93% / Eiweiß & Fett:7%)
100g.≈ Eiweiß 1,89g. Fett:0,9g.
µg. - Ph:4,99 Na:2,24 Ka:37,45 Mg:2,36 Ca:6,04 Fe:0,21 Zn:0,05 Col.:0 Hsr.:4,3

Zutaten:
Orange 2 Stück / 150g. (ja)
Apfel (süß) 4 Stück / 300g. (wenig)
Karotte (Mohrrübe, Möhre) 2 Stück / 150g. (ja)
Honig 1 EL / 10g. (ja)

Kochanleitung:
Orangen und Karotten schälen, alle Zutaten würfelig schneiden, damit sie in die Saftpresse passen und entsaften, mit Honig süßen.

3.35 Polenta mit Pfirsich

Lindert Müdigkeit, stärkt Magen, harntreibend, stärkt die Abwehr, gegen Pilzinfektionen, lässt Gallensaft fließen, beugt Alterungsprozessen vor, stärkt Gehirnzellen.
Anzahl Portionen: 3
Kalorien p. Portion 197
Gramm p. Portion 254,03
Kochdauer ca. 20 min
(Kohlehydrat:89,44% / Eiweiß & Fett:10,56%)
100g.≈ Eiweiß 4,48g. Fett:0,6g.
µg. - Ph:8,27 Na:0,36 Ka:35,48 Mg:2,78 Ca:3,07 Fe:0,14 Zn:0,02 Col.:0 Hsr.:4,67

Zutaten:
Wasser 2 Tassen / 240g. (ja)
Mais Gries (Polenta) 1 Tasse / 120g. (ja)
Pfirsich 2-3 Stück / 400g. (wenig)
Vanilleschote 1 Prise / 1g. (ja)
Chili (Schote oder gemahlen) 1 Prise / 0,1g. (ja)
Zimtpulver 1 Prise / 1g. (wenig)

Kochanleitung:
Die Polenta in einen Topf mit heißem Wasser unter ständigem Rühren
einrieseln lassen, bis die gewünschte Konsistenz erreicht ist. Vom Herd
nehmen und ca. 10 Min. ausquellen lassen. Frische Pfirsiche waschen,
vierteln und in die fertige Polenta hineinschneiden. Vanille und nach
Geschmack Chili unterrühren und 3 Min. ziehen lassen. Wintervariante:
eingelegtes Obst, Birne, Apfel

3.36 Reis mit gedämpftem Gemüse

Senkt Blutdruck, bakterizid, harntreibend, stärkt Immunsystem, beugt
Krebs vor, reduziert Strahlenverletzungen. Gut bei
Durchblutungsstörungen, Thrombose, Emboliegefahr, Kopfschmerzen,
Herzinfarkt und Schlaganfall.

Anzahl Portionen: 2
Kalorien p. Portion 167
Gramm p. Portion 310,5
Kochdauer ca. 20 min
Allergene: L
(Kohlehydrat:82,32% / Eiweiß & Fett:17,68%)
100g.≈ Eiweiß 4,33g. Fett:2,26g.
µg. - Ph:16,63 Na:5,67 Ka:52,64 Mg:6,29 Ca:11,8 Fe:0,4 Zn:0,07 Col.:0 Hsr.:12,64

Zutaten:
Reis Sorte beliebig 1/2 Tasse / 60g. (ja)
Wasser 3 Tassen / 300g. (ja)
Zitrone Schale 1 Stück / 3g. (ja)
Wasser 1/8 Liter / 0g. (ja)
Karotte (Mohrrübe, Möhre) 2 Stück / 180g. (ja)
Sellerie Stangensellerie 1/2 Stück / 5g. (ja)
Champignon 1/2 Tasse / 50g. (wenig)
Kresse 2 EL / 20g. (ja)
Leinöl 1 Schuss / 3g. (ja)

Kochanleitung:
Reis nach Grundrezept kochen, dabei ein Stück Zitronenschale
mitkochen. Wasser aufstellen und kleingeschnittene Karotten,
Stangensellerie und Champignons im Gemüseeinsatz dämpfen, bis sie
weich sind. Anschließend mit Kresse bestreuen und zuletzt einen
Schuss hochwertiges Öl zugeben.

3.37 Reis mit Pastinake

Vitaminreich, Mineralstoffe Kalium und Zink. Bei
Durchblutungsstörungen, Thrombose, Emboliegefahr, Bluthochdruck,
Kopfschmerzen, Herzinfarkt, Schlaganfall, Hefepilzinfektionen.
Anzahl Portionen: 3
Kalorien p. Portion 206
Gramm p. Portion 261,33
Kochdauer ca. 45 Min.
Allergene:
(Kohlehydrat:78,37% / Eiweiß & Fett:21,63%)
100g.≈ Eiweiß 5,17g. Fett:4,53g.
µg. - Ph:20,16 Na:2,09 Ka:94,99 Mg:7,61 Ca:10,6 Fe:0,15 Zn:0,07 Col.:0 Hsr.:12,18

Zutaten:
Reis Sorte beliebig 1 Tasse / 120g. (ja)
Wasser 2 Tassen / 200g. (ja)
Salz 1 Prise / 1g. (wenig)
Pastinake 3-4 Stück / 450g. (ja)
Olivenöl 1 EL / 10g. (ja)
Salbei 1 TL / 3g. (ja)

Kochanleitung:
Pastinake schälen und in Scheiben schneiden. Kurz in Öl anbraten.
Reis hinzugeben und kurz mitbraten. Mit Wasser übergießen und
mindestens 30 Min. lang kochen lassen. Mit etwas frischem gehacktem
Salbei bestreuen.

3.38 Rosmarinkartoffeln

Kartoffel stärkt die Milz, lindert Entzündungen, verbessert die Verdauung, regeneriert die Haut, ist harntreibend, senkt Cholesterinspiegel. Rosmarin fördert Verdauung, stärkt Lunge, Milz und Nieren.

Anzahl Portionen: 2
Kalorien p. Portion   189
Gramm p. Portion   216,5
Kochdauer ca.   30 Min.
(Kohlehydrat:76,49% / Eiweiß & Fett:23,51%)
100g.≈ Eiweiß 4,21g. Fett:5,25g.
µg. - Ph:23,02 Na:1,45 Ka:165,76 Mg:9,44 Ca:3,73 Fe:0,2 Zn:0,07 Col.:0,01 Hsr.:7,27

Zutaten:
Kartoffel 6-8 Stück / 420g. (wenig)
Salz Kräutersalz 1 Prise / 1g. (wenig)
Olivenöl 1 EL / 10g. (ja)
Rosmarin 1 TL / 2g. (ja)

Kochanleitung:
Kartoffeln der Länge nach halbieren, mit etwas Olivenöl bestreichen, salzen, 2-3 Rosmarinnadeln auf jede halbe Kartoffel streuen, auf Backblech setzen und im vorgeheizten Backofen ca. 25 Min. bei 190 Grad backen.

3.39 Schwarzwurzel mit Joghurt

Schwarzwurzeln regen Nieren, Blase und damit die Reinigung des Körpers an. Sie stimulieren im physiologischen Sinne allgemein die Drüsen im Organismus. Gut bei akuter oder chronischer Verstopfung des Darmes. Liefern Vitamine und Spurenelemente.

Anzahl Portionen: 2
Kalorien p. Portion   319
Gramm p. Portion   304,5
Kochdauer ca.   20 min
Allergene: AG
(Kohlehydrat:76,55% / Eiweiß & Fett:23,45%)
100g.≈ Eiweiß 7,98g. Fett:2,08g.
µg. - Ph:45,4 Na:46,4 Ka:135,9 Mg:13,05 Ca:30,12 Fe:1,28 Zn:0,12 Col.:0,16 Hsr.:28,8

Zutaten:
Schwarzwurzel 1/2 Kg. / 400g. (ja)
Joghurt (natur, 1,5 % Fett) 4 EL / 80g. (ja)
Kräuter verschiedene 1 EL / 8g. (ja)
Salz 1 Prise / 1g. (wenig)
Mehrkornbrot (Graubrot) 6 Scheiben / 120g. (ja)

Kochanleitung:
Schwarzwurzel schälen und in Salzwasser kochen bis sie weich sind.
Das Wasser wegschütten, Schwarzwurzel auskühlen lassen und klein
schneiden. Mit Joghurt übergießen und mit frischen Kräutern bestreuen.
Mit dem Mehrkornbrot servieren.

3.40 Sellerie-Kartoffel-Cremesuppe

Senkt Blutdruck, stärkt Immunsystem, fördert Gewichtsabnahme. Gut
bei Abwehrschwäche, Appetitlosigkeit, Blähungen, Depressionen,
Diabetes, Durchfall, Verdauungsschwäche.
Anzahl Portionen: 4
Kalorien p. Portion   113
Gramm p. Portion   241,5
Kochdauer ca.   45 Min.
Allergene: GL
(Kohlehydrat:83,35% / Eiweiß & Fett:16,65%)
100g.≈ Eiweiß 2,16g. Fett:5,52g.
µg. - Ph:5,96 Na:3,46 Ka:23,98 Mg:22,27 Ca:83,51 Fe:0,18 Zn:0,02 Col.:0 Hsr.:1,49

Zutaten:
Olivenöl 1 EL / 10g. (ja)
Zwiebel weiss 1/2 Stück / 25g. (ja)
Grundrezept für eine Gemüsebrühe nahrhaft 700 ml. / 700g. (wenig)
Kartoffel 200 g / 200g. (wenig)
Muskatnuss 1 Prise / 0,5g. (ja)
Kümmel 1 Prise / 0,5g. (ja)
Zitrone Schale 1/4 Stück / 1g. (ja)
Creme fraîche 2 EL / 20g. (wenig)
Salz 1 Prise / 1g. (wenig)
Petersilie 1 EL / 8g. (ja)

Kochanleitung:
Das Olivenöl in einem Topf leicht erhitzen und Zwiebelwürfel darin bei
milder Hitze ganz weich dünsten. Mit Gemüsebrühe (nach Grundrezept)
aufgießen und zugedeckt 15 Min. köcheln lassen. Kartoffelwürfel,
kleingeschnittenen Sellerie, Muskat, Kümmel und Zitronenschale
zugeben und zugedeckt weitere 12 Min. leicht kochen. Kartoffeln und
Sellerie sollen weich sein, aber nicht zerfallen. Zitronenschale
entfernen, mit dem Mixstab oder im Mixer die Suppe mit Crème fraîche
fein pürieren und mit Salz abschmecken. Suppe portionsweise mit der
kleingehackten Petersilie anrichten.

3.41 Spargelcremesuppe

Harntreibend, fördert Durchblutung, produziert Körpersäfte, beugt Krebs vor, führt ab, antiparasitär, regt Leberfunktion an. Gut bei Appetitlosigkeit, Blähungen, Rheuma, Sodbrennen.

Anzahl Portionen: 2
Kalorien p. Portion 240
Gramm p. Portion 409,5
Kochdauer ca. 45 Min.
Allergene: ACG
(Kohlehydrat:21% / Eiweiß & Fett:79%)
100g.≈ Eiweiß 5,2g. Fett:19,85g.
µg. - Ph:9,44 Na:1,5 Ka:15,8 Mg:1,6 Ca:6,23 Fe:0,13 Zn:0,08 Col.:9,84 Hsr.:2,42

Zutaten:

Spargel (grün oder weiß) 200 g / 200g. (ja)
Wasser 1/2 Liter / 500g. (ja)
Rapsöl 3 EL / 30g. (ja)
Weizen Mehl 2 EL / 10g. (ja)
Huhn Eigelb 1 Stück / 25g. (ja)
Kuhmilch (Vollmilch 3,5 % Fett) 1 EL / 15g. (wenig)
Sauerrahm 15% Fett 1 EL / 15g. (wenig)
Pfeffer gemahlen 1 Prise / 0,5g. ()
Muskatnuss 1 Prise / 0,5g. (ja)
Zitrone Saft 1 TL / 2g. (ja)
Petersilie 2 EL / 20g. (ja)
Salz 1 Prise / 1g. (wenig)

Kochanleitung:

Den Spargel waschen und schälen. Wasser, etwas Zitronensaft und eine Prise Salz zum Kochen bringen. Die Spargelstangen zusammenbinden. Spargelschalen ins Kochwasser geben und aufkochen lassen. Den Spargel in die kochende Flüssigkeit geben und auf kleiner Hitze ca. 20 Min. garen lassen. Danach die Spargelbündel herausnehmen und den Sud durch ein Sieb gießen. Für die Einbrenne das Öl in einem Topf erhitzen, das Mehl zugeben und farblos anschwitzen. Mit dem Spargelsud langsam auffüllen und 10 Min. köcheln lassen. Die Spargelstangen in ca. 3 cm lange Stücke schneiden und unter die abgebundene Suppe geben. Kurz vor dem Servieren die Suppe nochmals aufkochen lassen. Das Eigelb mit Milch und Sauerrahm verrühren. Den Topf vom Herd nehmen und danach das Eigelb-Milch-Gemisch unterrühren. Mit Pfeffer und Muskat abschmecken, mit der gehackten Petersilie dekorieren und sofort servieren.

3.42 Spargel-Kräuter-Ragout

Harntreibend, fördert Durchblutung, beugt Krebs vor, löst Stagnation, fördert Gewichtsabnahme, regt Leberfunktion an. Gut bei Abwehrschwäche, Appetitlosigkeit, Blähungen, Bluthochdruck, Depressionen, Diabetes, Durchfall.

Anzahl Portionen: 4
Kalorien p. Portion 168
Gramm p. Portion 465,5
Kochdauer ca. 30 Min.
Allergene: GL
(Kohlehydrat:78% / Eiweiß & Fett:22%)
100g.≈ Eiweiß 7,54g. Fett:4,09g.
µg. - Ph:2,55 Na:0,54 Ka:11,94 Mg:2,69 Ca:9,45 Fe:0,06 Zn:0,02 Col.:0 Hsr.:1,09

Zutaten:
Grundrezept für eine Gemüsebrühe nahrhaft 500 ml / 500g. (wenig)
Zitrone Schale 1/2 Stück / 3g. (ja)
Koriander 1/4 TL / 1g. (ja)
Muskatnuss 1 Prise / 0,3g. (ja)
Spargel (grün oder weiß) 800 g. / 800g. (ja)
Petersilie 1 Bund / 125g. (ja)
Creme fraîche 2 EL / 30g. (wenig)
Zitrone Saft 1 TL / 3g. (ja)
Kartoffel 400 g. / 400g. (wenig)

Kochanleitung:
Kartoffeln in reichlich gesalzenem Wasser ca. 20 Min. weich kochen. Gemüsebrühe mit Zitronenschale, Koriander und Muskat zum Kochen bringen. Den geschälten und in Stücke geschnittenen Spargel darin weich kochen. Spargel in ein Sieb abgießen. Die Flüssigkeit auffangen und im Mixer mit 200 g (die unteren Enden) des gekochten Spargels und der Petersilie zu einer glatten Soße mixen. Crème fraîche einrühren, den Spargel untermischen und nochmals erhitzen. Mit Zitronensaft, Salz und Pfeffer abschmecken und mit den Kartoffeln servieren.

3.43 Tee aus Grüntee

Fördert Verdauung, harntreibend, löst Schleim, entgiftet, regt Nerven an, reduziert Blutfett, senkt Cholesterinspiegel, lindert Entzündungen.
Anzahl Portionen: 1
Kalorien p. Portion 3
Gramm p. Portion 122
Kochdauer ca. 10 Min.
(Kohlehydrat:20% / Eiweiß & Fett:80%)
100g.≈ Eiweiß 0,01g. Fett:0g.
µg. - Ph:5,61 Na:1,07 Ka:27,59 Mg:4,07 Ca:9,43 Fe:0,04 Zn:0,1 Col.:0 Hsr.:0

Zutaten:
Grüner Tee 1 TL / 2g. (ja)
Wasser 1 Tasse / 120g. (ja)

Kochanleitung:
Pro Tasse verwendet man einen Teelöffel voll oder einen Teebeutel. Grüntee nur mit 60-80 Grad heißem Wasser aufbrühen, da er sonst bitter wird. Soll der Tee eine anregende Wirkung haben, lässt man ihn 2-3 Min. ziehen. Eher beruhigend wirkt er bei einer Ziehdauer von 5 Min. (nicht länger, sonst wird er bitter!). Eine andere Methode: Man übergießt die Teeblätter mit ca. 70 Grad heißem Wasser und gießt es sofort wieder ab. Dann einfach noch mal heißes Wasser nachgießen. Die Bitterstoffe verschwinden und der Tee bekommt ein milderes Aroma.

3.44 Tee aus Ingwer mit Honig

Honig lindert Schmerzen, entgiftet, ist bakterizid. Frischer Ingwer fördert Verdauung, entgiftet, stärkt Säfteproduktion, treibt Schweiß, reduziert Blutfett, regt an, löst Stagnation.
Anzahl Portionen: 4
Kalorien p. Portion 5
Gramm p. Portion 127,25
Kochdauer ca. 30 Min.
Allergene:
(Kohlehydrat:98,08% / Eiweiß & Fett:1,92%)
100g.≈ Eiweiß 0,02g. Fett:0,01g.
µg. - Ph:0,1 Na:0,29 Ka:0,7 Mg:0,33 Ca:1,27 Fe:0,01 Zn:0,01 Col.:0 Hsr.:0

Zutaten:
Ingwer frisch 1 TL / 3g. (ja)
Wasser 1/2 Liter / 500g. (ja)
Honig 2 TL / 6g. (ja)

Kochanleitung:
Wasser zum Kochen bringen und beiseite stellen. Ingwer zugeben und 20-30 Min. ziehen lassen. Nach Geschmack mit Honig süßen.

3.45 Tee aus Schwarztee (Russischer Tee)

Schwarztee fördert Durchblutung.
Anzahl Portionen: 1
Kalorien p. Portion 8
Gramm p. Portion   125
Kochdauer ca.   10 Min.
Allergene:
(Kohlehydrat:2,52% / Eiweiß & Fett:97,48%)
100g.≈ Eiweiß 1,28g. Fett:0,26g.
µg. - Ph:11,92 Na:1,2 Ka:72,32 Mg:7,96 Ca:16,52 Fe:0,08 Zn:0,11 Col.:0 Hsr.:13,12

Zutaten:
Schwarztee 1 EL / 5g. (wenig)
Wasser 1 Tasse / 120g. (ja)

Kochanleitung:
Pro Tasse verwendet man einen Teelöffel voll oder einen Teebeutel. Den Tee nur mit 60 bis 80 Grad heißem Wasser übergießen, da er sonst bitter wird. Soll der Tee eine anregende Wirkung haben, lässt man ihn 2 bis 3 Min. ziehen. Eher beruhigend wirkt er bei einer Ziehdauer von 5 Min. (nicht länger, sonst wird er bitter!). Eine andere Methode: Man übergießt die Teeblätter mit ca. 70 Grad heißem Wasser und gießt das Wasser sofort wieder ab. Dann einfach noch mal heißes Wasser nachgießen. Die Bitterstoffe verschwinden und der Tee bekommt ein milderes Aroma.

3.46 Tomatensuppe

Fördert Verdauung, hilft Fett zu verdauen, senkt Blutdruck, löst Stagnation, antioxidativ, harntreibend.
Anzahl Portionen: 2
Kalorien p. Portion 100
Gramm p. Portion   290
Kochdauer ca.   10 min.
Allergene:
(Kohlehydrat:42% / Eiweiß & Fett:58%)
100g.≈ Eiweiß 1,78g. Fett:7,9g.
µg. - Ph:4,2 Na:1,2 Ka:31,36 Mg:1,99 Ca:3,85 Fe:0,07 Zn:0,04 Col.:0,01 Hsr.:1,47

Zutaten:
Olivenöl 1 EL / 15g. (ja)
Zwiebel weiss 1 Stück / 60g. (ja)
Basilikum (frisch) 1 TL / 2g. (ja)
Zimtpulver 1 Prise / 1g. (wenig)
Pfeffer gemahlen 1 Prise / 0,5g. ()
Salz 1 Prise / 1g. (wenig)
Tomate 5 Stück / 250g. (ja)
Wasser 250 g. / 250g. (ja)
Paprika (Rosenpaprikapulver) 1 Prise / 1g. (ja)

Kochanleitung:
Die kleingeschnittene Zwiebel im Olivenöl in einem Topf anrösten, Salz
und Gewürze zufügen und kurz mitrösten. Gewaschene und geviertelte
Tomaten zugeben und kurz anbraten. 250 ml Wasser heißes Wasser
zufügen, 15 Min. kochen lassen und dann pürieren.

3.47 Wärmende Karottensuppe

Stärkt und wärmt, senkt Blutdruck, bakterizid, stärkt Immunsystem,
beugt Krebs vor, reduziert Strahlenverletzungen, stärkt Magen-Darm-
Funktion.

Anzahl Portionen: 3
Kalorien p. Portion 133
Gramm p. Portion 274,67
Kochdauer ca. 30 min
Allergene: HL
(Kohlehydrat:78,77% / Eiweiß & Fett:21,23%)
100g.≈ Eiweiß 2,17g. Fett:7,87g.
µg. - Ph:8,57 Na:6,92 Ka:27,55 Mg:25,11 Ca:97,93 Fe:0,4 Zn:0,03 Col.:0 Hsr.:2,99

Zutaten:
Karotte (Mohrrübe, Möhre) 4 Stück / 250g. (ja)
Walnussöl 2 EL / 20g. (ja)
Zwiebel Schalotte 2 Stück / 40g. (ja)
Anis (gemeiner Fenchel) 1/2 TL / 1g. (ja)
Muskatnuss 1 Prise / 1g. (ja)
Ingwer frisch 1/2 TL / 1g. (ja)
Salz 1 Prise / 1g. (wenig)
Grundrezept für eine Gemüsebrühe nahrhaft 1/2 Liter / 500g. (wenig)
Petersilie 1 EL / 10g. (ja)

Kochanleitung:
Walnussöl in einem Topf erhitzen und die kleingeschnittenen Zwiebeln
darin anbraten. Karotten gewürfelt zufügen. Anis, Muskat, etwas Ingwer

und Salz zugeben. Wasser oder Gemüse- bzw. Fleischbrühe zugeben. Alles weich kochen und dann pürieren. Am Ende Petersilie unterheben. Empfehlung: Die Suppe eignet sich für die kalte Jahreszeit, vor allem, wenn man als Flüssigkeit zum Aufgießen Fleischbrühe verwendet.

3.48 Zucchini-Grieß-Cremesuppe

Gut bei Appetitlosigkeit, Schluckstörungen, Blähungen, Darmentzündung, Rheuma, Sodbrennen. Senkt Blutdruck, fördert Gewichtsabnahme.

Anzahl Portionen: 4
Kalorien p. Portion 146
Gramm p. Portion 341,75
Kochdauer ca. 25 Min.
Allergene: AGL
(Kohlehydrat:78% / Eiweiß & Fett:22%)
100g.≈ Eiweiß 4,02g. Fett:7,8g.
µg. - Ph:1,7 Na:0,83 Ka:9,09 Mg:4,88 Ca:18,35 Fe:0,08 Zn:0,02 Col.:0,22 Hsr.:0,82

Zutaten:
Butter Bio 20 g. / 20g. (ja)
Weizen Gries 2 EL / 20g. (ja)
Petersilie 1 Bund / 100g. (ja)
Grundrezept für eine Gemüsebrühe nahrhaft 800 ml. / 800g. (wenig)
Liebstöckel 1/2 TL / 2g. (ja)
Muskatnuss 1 Prise / 0,5g. (ja)
Anis (gemeiner Fenchel) 1 Prise / 0,5g. (ja)
Zucchini 400 g. / 400g. (ja)
Ingwer frisch 1/2 TL / 1g. (ja)
Creme fraîche 2 EL / 20g. (wenig)
Zitrone Schale 1/4 Stück / 2g. (ja)
Salz 1 Prise / 1g. (wenig)
Pfeffer gemahlen 1 Prise / 0,5g. ()

Kochanleitung:
Butter in einem Topf schmelzen, Grieß hinzufügen und unter Rühren kurz anrösten. Die Hälfte der gehackten Petersilie dazugeben, kurz andünsten, mit Gemüsebrühe (nach Grundrezept) aufgießen, mit gehacktem Liebstöckel, Muskat und Anis würzen. Suppe ohne Deckel 10 Min. leicht kochen, kleingeschnittene Zucchini und ein kleines Stück Zitronenschale dazugeben und weitere 5 Min. köcheln lassen, bis die Zucchini weich sind. Zitronenschale entfernen und mit dem Mixstab zusammen mit der Crème fraîche und der restlichen Petersilie fein pürieren.

4 Wirkung der Lebensmittel

4.1 Zutaten verwenden: empfehlenswert

Frischkäse aus Soja

4.2 Zutaten verwenden: ja

Adzukibohnen
Agar-Agar, Agartang
Agavendicksaft
Ahornsirup
Andornkraut
Angelikawurzel
Anis (gemeiner Fenchel)
Artischocke
Aubergine
Avocado
Baldrian
Bambussprossen
Banchatee
Bärentraubenblätter
Bärlauch (Knoblauchspinat)
Basilikum
Basilikum (frisch)
Bataviasalat
Benediktinerdistel
Berberitzenrindetee
Bitter Lemon
Bitterklee
Bitterorangenschale
Blätterteig
Blattsalate (bitter)
Blumenkohl (Karfiol)
Blütenpollen
Bockshornklee
Borretsch
Borretschöl
Boxhornkleesamen
Bratöl
Brennnessel
Brombeerblätter
Brösel (Weizenbrot, Semmel)
Brot mit Johannisbrotkernmehl
Brötchen (Semmel)
Buchweizen
Buchweizen (geröstet) Kasha
Buchweizen Vollkorn
Bulgur (Getreide)
Butter (halbfett)
Butter Bio
Butterschmalz
Chicorée

Chili (Schote oder gemahlen)
Chlorella (Süßwasser)
Chrysanthemenblütentee
Couscous
Cumin (Kreuzkümmel)
Curry
Currypaste rot
Dashi
Datteln getrocknet
Datteln rot
Dill
Dinkel
Dinkel Flocken
Dinkel Gries
Distelöl
Dornhai (Seeaal, Schillerlocken)
Eibisch (Hibiscus)
Eisbergsalat
Endiviensalat
Enzianwurzel
Erdbeermarmelade
Essig (Apfelessig)
Essig (Rotweinessig)
Essig Aceto Balsamico
Essig Aceto Balsamico weiss
Essiggurke
Estragon
Färberdiestel (Hong Hua)
Färberginsterkraut
Feldsalat
Fenchel
Fenchelsamen gemahlen
Fencheltee
Flaschenkürbis
Flohsamen
Flunder
Frischkäse mit Kräuter
Fruchtzucker (Fruktose,
Traubenzucker)
Gänseblümchen
Garam Masala Pulver
Gelee Royal
Gerste
Gerste (Nacktgerste)
Gerste (Perlgerste)

Gerstengras Pulver
Gerstengraupen
Gerstengrütze
Gerstenmalz
Gerstenmehl
Getreidekaffee
Ginsengwurzel
Glühweingewürzmischung
Grapefruit getrocknete Schale
Grapefruit/Pampelmuse/Pomelo
Grapefruitsaft
Grüner Tee
Gurke
Gurke (bitter)
Gurke (Gewürzgurke)
Hafer
Hafer Flocken (Vollkorn)
Hafer Flocken geröstet
Hafer Mehl
Hafer Schmelzlocken (Babynahrung)
Hafer Schrot
Hibiskustee
Himbeerblättertee
Hirse
Hirseflocken
Hokkaidokürbis
Holunderblütentee
Honig
Huhn Ei
Huhn Eigelb
Huhn Eiweiß
Huhn Fleisch
Ingwer frisch
Ingwer Pulver
Ingweröl
Jasminblütentee
Joghurt (natur, 1,5 % Fett)
Joghurt (natur, 3,5 % Fett)
Johannisbrotkernmehl
Kaffeeweißer
Kamille
Kapern (eingelegt)
Kapuzinerkresse
Karotte (Frühkarotte)
Karotte (Mohrrübe, Möhre)
Karottensaft ohne Zucker
Käsepappeltee
Kerbel
Kerbel getrocknet
Klettenwurzeltee
Knäckebrot
Knoblauch
Kokosflocken
Kokosmilch

Kokosnussfleisch
Kokosraspeln
Kopfsalat
Koriander
Koriandergrün
Kräuter bittere
Kräuter der Provence
Kräuter verschiedene
Kräuter Wildkräuter
Kräuterteemischung
Kresse
Kukichatee
Kümmel
Kümmel gemahlen
Kumquat
Kürbis
Kürbiskernöl
Lauch (Porree)
Lauchzwiebel Schnittlauch
Laugengebäck
Lavendelblüten
Leberglättertee
Leinöl
Liebstöckel
Liebstöckelsamen
Lindenblütentee
Lorbeerblatt
Lotossamen
Lotoswurzeln
Löwenzahn (junger)
Löwenzahnsaft
Löwenzahnwurzeltee
Luohan-Frucht
Mais
Mais (geröstet)
Mais (Schnellpolenta)
Mais Gries (Polenta)
Mais Mehl (Maizena)
Maishaartee
Maiskeimöl
Maisstärke
Majoran
Makannastern Samen
Malventee
Malz
Margarine
Margarine (Diät)
Mehrkornbrot (Graubrot)
Melisse
Muskatnuss
Nachtkerzenöl
Nelke
Nori, Purpurtang, Rotalge
Nudeln (Vollkorn) mit Ei

Nudeln (Weizen) mit Ei
Nudeln (Weizen, Bandnudeln) mit Ei
Nudeln (Weizen, Lasagneblätter) mit Ei
Nudeln (Weizen, Spagetti) mit Ei
Obstmischung Fruchtsaft
Oliven grün
Olivenöl
Orange
Oregano frisch
Oregano getrocknet
Palmöl
Paprika
Paprika (Rosenpaprikapulver)
Paprika (süß)
Passionsblumenblütentee
Pastinake
Peperoni
Peperoni, gelb, entkernt, halbiert
Peperoni, rot, entkernt, halbiert
Petersilie
Petersilienwurzel
Pfeffer Cayenne
Pfeffer Körner
Pfeffer weiss (gemahlen)
Pfefferminze
Pfefferminztee
Pfeilwurzelmehl
Puddingpulver Vanille
Radicchio
Radieschen
Rapsöl
Reis Basmatireis
Reis Duftreis
Reis Gaoliangreis (Sorghum)
Reis Klebreis
Reis Langkornreis
Reis Reisschleim
Reis Roter
Reis Rundkornreis
Reis Schwarzer
Reis Sorte beliebig
Reis Süßer
Reis Vollkorn
Reis Wilder (Naturreis)
Reismalz
Reismehl
Reisnudeln
Reisstärke
Rettich (weiß, grün, lila-rot)
Rettich Meerrettich (Kren)
Rettich schwarz
Rettichblätter (vom Wochenmarkt)
Roggen
Roggenmehl

Rosenblättertee
Rosenblütentee
Rosmarin
Rote Grütze (ohne Zucker)
Rote Rübe
Sago (Getreide)
Sahne sauer 10%
Salbei
Sauerteig
Schafgarbe
Schafgarbentee
Schwarzkümmel
Schwarzwurzel
Schwedenkraut (Schwedenbitter)
Sellerie Knolle
Sellerie Stangensellerie
Spargel (grün oder weiß)
Spitzwegerichtee
Süßholzwurzeltee
Teemischung Harnsäuresenkend
Thymian
Thymian getrocknet
Tomate
Tomatenpüre
Tsampa (geröstetes Gerstenmehl)
Umeboshipaste
Umeboshipflaumen (Japanaprikosen)
Vanille
Vanillepulver
Vanilleschote
Vanillezucker natur
Wacholderbeere
Wachskürbis
Walderdbeeren
Walnussöl
Wasser
Wasser heiss
Wassermelone
Weißbrot (Weizenbrot)
Weißbrot Baguette
Weißbrot Brösel (Weizenbrot)
Weißbrot Knödelbrot (Weizenbrot)
Weißbrot Salzstangerl
Weißbrot Semmel
Weißdorn
Weißwurz
Weizen
Weizen Bulgurweizen
Weizen Fladenbrot
Weizen Flocken
Weizen Gras Pulver
Weizen Gries
Weizen Gries - Kindergries
Weizen Mehl

Weizengrassaft
Weizenkeimöl
Wermutkraut
Wildkräuter
Yamswurzel, Yamswurzelknolle
Yogitee
Ysop
Zimtstange
Zitrone
Zitrone Saft
Zitrone Schale
Zitrone, Limette
Zitronengras
Zitronenmelisse (frisch)
Zitronenmelisse (getrocknet)
Zucchini

Zucker (Staubzucker)
Zucker (weiß, aus Rüben)
Zucker braun
Zucker Fructose Fruchtzucker
Zucker Glukose Traubenzucker
Zucker Kandis weiß
Zucker Melasse
Zucker Milchzucker
Zucker Palmzucker
Zucker Ursüße (Zuckerrohr) süß
Zuckerersatz (Süßstoff)
Zwieback
Zwiebel Frühlingszwiebel
Zwiebel rot
Zwiebel Schalotte
Zwiebel weiss

4.3 Zutaten verwenden: wenig

Aal
Aal geräuchert
Acerola Fruchtnektar oder Pulver
Aloesaft
Amaranth
Amaranth POPS
Ananas
Ananassaft ungezuckert
Apfel (sauer)
Apfel (süß)
Apfelmus
Aprikose
Aprikosen Marmelade
Austernschalenpulver
Backpulver
Barsch
Beeren der Saison
Birne
Bitterlikör
Bocksdornfrüchte (Fructus Lycii)
getrocknet
Bohnen (grün, frisch)
Bohnenkraut
Bohnenöl
Brie
Brokkoli
Brombeere
Brombeere getrocknet (unreife)
Brombeermarmelade
Buschbohnen
Butterbohnen weiße
Buttermilch
Calamari
Camembert
Campari

Cashewnüsse
Champignon
Channa-Dal
Chenpi (chinesische
Mandarinenschale)
Chinakohl
Clementinen
Cranberries
Creme fraiche
Dinkel Brot
Dinkel Vollkornmehl
Dorsch
Dulse (Lappentang)
Edamer
Eibennuss
Ente (Frühmastente, schlachtfrisch)
Ente (Herz)
Entenei
Erbse, grün
Erbsen
Erdbeere
Erdbeersaftgetränk
Erdnuss (geröstet)
Erdnussbutter
Erdnüsse
Erdnussöl
Fasan
Feige
Fernet Branca (Kräuterbitterlikör)
Feta
Fisch Innereien
Fischreste
Fischsouce
Fischstücke gemischt (Süßwasser)
Forelle

Frischkäse
Gagelpflaume
Galgant
Gans
Gans (Gänseklein)
Gans (Gänseschmalz)
Gänseblut
Gänseei
Garnele
Gelatine weiss
Gemüsesaft
Gewürznelke
Ginkgofrucht
Ginsenglikör
Gorgonzola
Gouda
Granatapfel
Graskarpfen
Grundrezept für eine Entenbrühe
Grundrezept für eine Fischbrühe
Grundrezept für eine Gemüsebrühe nahrhaft
Grundrezept für eine Hühnerbrühe wärmend
Grundrezept für eine Reissuppe (Congee)
Grundrezept für eine Rinderbrühe
Grundrezept für eine Rinderbrühe wärmend
Grünkern
Guave
Hafer Milch
Hagebutte
Hagebuttentee
Haifisch
Hammel
Hase
Hase, wild
Hefe
Heidelbeere
Heidelbeere getrocknet
Heidelbeermarmelade
Heilbutt
Hering
Hijiki
Himbeere
Himbeere getrocknet (unreife)
Himbeermarmelade
Hiobsträne (Samen) YiYi Ren
Hirsch Fleisch
Hirsch Knochen
Hirsch Nieren
Holunderbeeren
Honigmelone

Honigwein (Met)
Hopfen
Huhn Blut
Huhn Herz
Huhn Leber
Huhn Magen
Hummer
Hüttenkäse
Jakobstränen
Johannisbeere (rot)
Johannisbeere (schwarz)
Johannisbeere (weiß)
Johannisbeermarmelade (rot)
Johannisbeermarmelade (schwarz)
Kabeljau
Kaffee
Kakao
Kaki-Pflaume
Kaktusfeige
Kalmus
Kaninchen Fleisch
Kaninchen Leber
Karambole/Sternfrucht
Karausche
Kardamom
Karpfen
Kartoffel
Kartoffel (mehlige)
Kartoffelmehl
Kastanien (Maronen)
Kaviar
Kefir
Kichererbsen
Kirsche
Kirsche (sauer)
Kirschenkompott
Kiwi
Klementine
Kohlrabi
Kohlrübe
Kokosfett
Kombualge
Kompott (Früchte der Saison)
Krabbe
Krake
Kuhmilch (1,5 % Fett)
Kuhmilch (Vollmilch 3,5 % Fett)
Kürbiskerne
Kurkuma (Gelbwurz)
Kuzu
Lachs
Lamm Fleisch
Lamm Knochen
Lamm Leber

Lamm Nieren
Lamm Schulter
Languste
Leinsamen
Leinsamen (geschrotet)
Limabohnen
Linsen (Helmbohnen)
Linsen gelb
Linsen rot
Linsen schwarz
Löffelbiskuit
Longane
Loquate/Japanische Mispel
Lychee
Lychee (Konserve)
Lycheelikör
Magermilchpulver
Makrele
Malzbier
Mandarine
Mango
Mangopulver
Mangosaft
Maniokmehl
Marillen
Martini
Maulbeerfrucht
Mayonnaise 50%
Mayonnaise 80%
Meeräsche
Meereskrebs
Miesmuscheln
Mirabelle
Miso
Miso schwarz (fermentiert)
Mispel
Mittelmeerfisch (Kabeljau, Scholle,
Schellfisch, Seeaal, Makrele)
Mixed Pickels
Molke
Moosbeere
Morchel (schwarz, getrocknet)
Mozzarella
Mu-Erh-Pilz
Mungbohne
Mungbohnensprossen
Müsli
Nektarine
Nierenbohnen (rote)
Okra
Oliven
Orange abgeriebene Schale
Orange getrocknete Schale
Orange Schale

Orangenblüten
Orangenmarmelade
Papaya
Paranuss
Passionsfrucht (Maracuja)
Pferd Fleisch
Pfirsich
Pfirsich (Dose)
Pflaume
Piment
Pinienkerne
Pintobohnen gesprenkelt
Preiselbeere
Preiselbeermarmelade
Preiselbeersaft
Prosecco
Pumpernickel
Pute Brustfleisch
Pute Schinken
Qualle
Quargel 20%
Quinoa
Quitte
Reh Fleisch
Reineclaude
Reishi
Rhabarber
Rind (Kalb)
Rind Filet
Rind Fleisch
Rind Fleischknochen
Rind Herz
Rind Herz (Kalb)
Rind Knochenmark
Rind Leber
Rind Lunge (Kalb)
Rind Magen
Rind Niere
Rind Ochsenschwanzstücke
Rind Suppenfleisch
Roggen Vollkornbrot
Römersalat/Lattich-Salat
Rosenkohl
Rotbarsch
Rotkohl
Rum
Safran
Sahne sauer 20%
Sahne sauer 30%
Sahne, süß 30%
Sake
Salz
Salz Kräutersalz
Sanddorn

Sardellen/Sardine
Saubohnen (Dicke Bohnen)
Sauerampfer
Sauerkirsche
Sauerkraut
Sauermilch
Sauerrahm 15% Fett
Schaffleisch
Schafmilch Joghurt
Schafskäse
Schafsmilch
Schimmelkäse
Schlehdorn
Schnaps
Schnecke
Scholle
Schwarzaugenbohnen
Schwarze Bohnen
Schwarzer Fungu Pilz
Schwarztee
Schwein Blut
Schwein Darm
Schwein Fett
Schwein Fleisch
Schwein Haut
Schwein Haxe (Eisbein)
Schwein Herz
Schwein Hirn
Schwein Leber
Schwein Lunge
Schwein Magen
Schwein Markknochen
(Röhrenknochen)
Schwein Mettwurst
Schwein Nieren
Schwein Schinken
Schwein Schinken gekocht
Schwein Schinken geselcht
Schwein Schinkenspeck
Schwein Schmalz
Seegurke
Senf
Senf Dijon
Senf mittelscharf
Senf süß
Senfsamen
Sesamöl
Sesamöl geröstet
Sherry
Shrimps
Silbermorchel, getrocknet
Soja Cuisine (Soja-Sahne)
Soja Tofu
Soja Tofu geräuchert

Sojabohne
Sojabohnen, Gelbe
Sojabohnen, Schwarze
Sojabohnen, Schwarze, fermentiert
Sojabohnenmilch
Sojacreme
Sojamehl
Soja-Nudeln
Sojaöl
Sojapaste (Miso)
Sojasauce
Sonnenblumenöl
Speiserüben
Stachelbeere
Stangenbohnen (Fisolen)
Sternanis
Stevia (Süßkraut)
Stutenmilch
Süßkartoffel
Süßwasserfisch
Süßwasserkrebs
Tabasco
Taube
Taube Ei
Thunfisch
Tintenfisch
Toastbrot (Vollkorn)
Tomate getrocknet
Tomatenmark
Tomatensaft
Tonicwasser
Topfen (Quark) 20%
Topfen (Quark) 40%
Trauben rot
Trauben weiß
Traubenkernöl
Traubensaft rot
Traubensaft weiß
Trüffel
Vogelmiere
Vogerlsalat (Pflücksalat)
Vollkornbrot
Vollkornbrot mit ganzen Körner
Vollkornmehl
Wachtel
Wachtel Ei
Wakame
Walnüsse
Walnüsse geröstet
Weiße Bohnen
Weißfischchen
Weißkohl/Weißkraut
Weißwein
Weizen Bier

Weizen Mehl Vollkorn
Weizen/Roggen Grau- Schwarzbrot mit
Hefe
Weizenkleie
Wermut
Wildschwein Fleisch
Wirsing/Grünkohl
Ziege
Ziegen- und Schafsblut

Ziegen- und Schafshirn
Ziegen- und Schafsleber
Ziegen- und Schafsmagen
Ziegen- und Schafsmilch
Ziegenkäse
Zimtpulver
Zwetschken

4.4 Kontraindikativ wirkende Lebensmittel nicht verwenden

Ananas (aus der Dose)
Apfelsaft (Naturtrüb)
Aprikose getrocknet
Aprikosennektar
Astronautenkost
Austern
Austernpilze
Banane
Banane Kochbanane
Beerensaft
Bier (alkoholarm)
Bier (alkoholfrei)
Bier (Altbier)
Bier (Pils)
Birnensaft
Colagetränk
Colagetränk (kalorienarm)
Emmentaler
Feige getrocknet
Forelle (geräuchert)
Früchtetee
Haselnüsse
Heidelbeersaft
Johannisbeernektar (schwarz)
Kirschsaft
Korinthen (rot)
Korinthen (schwarz)
Mandelmilch

Mandelmus
Mandeln
Mandeln Marzipan
Mangold
Marillensaft
Mineralwasser
Mohn
Odermennig
Orangensaft
Parmesan
Pfifferlinge/Eierschwammerl
Pflaume getrocknet
Pistazien
Rosinen
Rotwein
Schmelzkäse 12%
Schmelzkäse 30%
Schokolade
Schokolade (Diabetiker)
Schwein Bratwurst
Sesam Paste (Tahini)
Sesam, Schwarzer
Sesam, Weißer
Shiitake, getrocknet
Sonnenblumenkerne
Spinat
Steinpilz/Herrenpilz

5 Komplementär

5.1 Komplementäre Anwendung

5.1.1 Akupunktur

Die Akupunktur gehört zu den Nerven oder Organe regulierenden Therapien.

Traditionelle Chinesische Medizin (TCM) bezeichnet meist eine Auswahl von diagnostischen und therapeutischen Verfahren, die im chinesischen Kulturkreis in vielen Jahrhunderten angewandt wurden.

Das chinesische Wort für Akupunktur besteht aus zwei Teilworten, die die Hauptanwendung der Akupunktur beschreiben, nämlich dem Einstechen der Nadel in die Akupunkturpunkte und dem Erwärmen (Moxibustion) der Punkte. Akupunktur in der Ming-Dynastie (1368–1644). Bibliothèque Nationale, Paris. In der Akupunktur wird die Existenz von 361 Akupunkturpunkten angenommen, die auf den Meridianen angeordnet sind. Demnach gibt es zwölf Hauptmeridiane, die jeweils spiegelverkehrt auf beiden Körperseiten paarig angelegt sind, acht Extrameridiane und eine Reihe von so genannten Extrapunkten. Nach Meinung der Anhänger der Traditionellen Chinesischen Medizin wird durch das Einstechen der Nadeln der Fluss des Qi beeinflusst. Die Akupunktur gehört zu den Umsteuerungs- und Regulationstherapien. Noch älter als die Akupunktur ist die Akupressur. Hier werden die Punkte mit Hilfe der Fingerkuppen massiert. Das Konzept der Ohrakupunktur (auch Auriculotherapie genannt) wurde vom französischen Arzt Paul Nogier entwickelt. 1954 berichtete er erstmals in der Deutschen Zeitschrift für Akupunktur über seine Erfahrungen und 1961 stellte er seine Diagnose- und Therapieform auf einem Akupunkturkongress in Deutschland vor. Die Behandlung über das Ohr ist zwar auch aus der chinesischen Akupunktur bekannt, es werden dort jedoch nur wenige Punkte – und diese auch nur selten – verwendet. Daneben besteht noch das Konzept der koreanischen Handakupunktur, bei der die Meridiane fast komplett auf den Händen abgebildet sind, sowie das der Schädelakupunktur mit Abbildung der Meridiane auf den Schädel. Ähnliche Vorstellungen stecken auch hinter der Fußakupunktur.

Heutzutage wird immer öfter von der Krankenversicherung die Akupunktur zur Schmerztherapie angeboten. Auch bei Krankenhausaufenthalten kann eine Therapie in Anspruch genommen werden. Die Therapie kann mit Nadeln aber auch sanfter mit Pflaster selbst während der Chemotherapie durchgeführt werden.

5.1.2 Klangschalentherapie

Durch Klangwellen, die beim Anschlagen einer Klangschale entstehen, lernen die Betroffenen, sich wieder zu entspannen.

Viele Krebs-Patienten leiden vor allem psychisch unter ihrer Erkrankung. Sie können sich nicht mehr richtig entspannen und haben große Angst. Ihnen kann die Klangschalentherapie helfen. Durch Klangwellen, die beim Anschlagen einer Klangschale entstehen, lernen die Betroffenen, sich wieder zu entspannen. Durch die tiefe Entspannung können aber auch Entscheidungen oder Erkenntnisse besser wahrgenommen werden welche einer erfolgreichen Krebstherapie helfen. Die Therapeuten können zu speziellen Fragestellungen motivieren und dann die Patienten in die Entspannung führen. Im Zustand dieser tiefen Entspannung können die Gedanken dann um so ein Thema kreisen gelassen werden und so eine Verarbeitung von Erfahrungen leichter bewältigt werden.

5.1.3 Lichttherapie

Lichttherapie ist eine komplementäre und schonende Behandlung gegen saisonale Depressionen.

Heute gibt es mit der Lichttherapie, ein komplementäre und schonende Behandlung gegen saisonale Depressionen. Die meisten Patienten fühlen sich bereits nach wenigen Anwendungen wesentlich besser und ein überwältigend hoher Prozentsatz kann sogar dauerhaft vom sogenannten SAD-Syndrom (Erschöpfungssyndrom) geheilt werden. Speziell bei chronischen Erkrankungen können die positiven Wirkungen auf die Psyche stimulieren und so einen Heilerfolg unterstützen.

Eine punktuelle Lichttherapie kann bei Hautkrebs oder im Bereich von Mund und Rachentumoren eingesetzt werden. Dabei wird zunächst eine lichtempfindliche Substanz verabreicht und danach mit speziellen Lichtfrequenzen bestrahlt. Bei der Bestrahlung bilden sich aus den lichtempfindlichen Substanzen aggressive Sauerstoff Moleküle, welche die Tumorzellen direkt abtöten oder zum Verschluss von Blutgefäßen führen, wodurch ebenfalls Tumorzellen abgetötet werden. Das gesunde Gewebe in der Umgebung wird weitestgehend geschont.

5.1.4 Musiktherapie

Die aktive Musiktherapie erzeugt vor allem psychischen Einfluss.

Die aktive Musiktherapie erzeugt vor allem psychischen Einfluss. Hierbei bilden das Musizieren des Patienten und des Therapeuten den Ausgangspunkt für eine Therapie. Anwendungsfelder sind vor allem psychoneurotische Störungen, wie Depressionen und Zwänge, die Psychosomatik und psychotische Erkrankungen. Aufgrund ihrer Anwendungsart wird aktive

Musiktherapie auch als angewandte Psychotherapie bezeichnet und kann für die Aktivierung oder zur Korrektur von Verhaltensweisen sowie zum Wiederaufbau eines gestörten Lebens angewandt werden.

6 Grundlagen der Ernährung

Die hier beschriebenen Grundlagen der Ernährung zeigen allgemeine Empfehlungen und beziehen sich nicht auf eine spezielle Therapieform. Die Empfehlungen der Therapie haben Vorrang.

6.1 Ernährung

Die regelmäßige Einnahme von Mahlzeiten in entspannter Atmosphäre. Ein wärmendes Frühstück gilt als guter Start in den Tag. Mittags sollte die Hauptmahlzeit stattfinden - das Abendessen am frühen Abend.

Die Beachtung von Hunger- und Sättigungsgefühlen: Nicht überessen und nicht hungern, so lautet die Regel.

Die frische Zubereitung der Speisen aus naturbelassenen, regionalen Produkten. Tiefgekühlte, hitzekonservierte, industriell vorgefertigte oder mikrowellengegarte Lebensmittel werden gemieden.

Die Auswahl von Lebensmittel nach der Jahreszeit: Im Sommer mehr kühlende Nahrung, im Winter mehr wärmende Nahrung.

Mindestens zweimal am Tag Gekochtes essen. Speisen und Getränke sollen möglichst handwarm, niemals eiskalt oder heiß sein.

Rohkost, kurz gegartes Gemüse, frisch gepresste Säfte und Mineralwasser werden üblicherweise nicht empfohlen. Milch und Milchprodukte stehen nur dann auf dem Speiseplan, wenn sie problemlos vertragen werden.

Therapeutische Rezepte nicht über einen längeren Zeitraum ohne Rücksprache mit dem Arzt oder Therapeuten einnehmen.

1. Vielseitig essen
Lebensmittelvielfalt genießen. Merkmale einer ausgewogenen Ernährung sind abwechslungsreiche Auswahl, geeignete Kombination und angemessene Menge nährstoffreicher und energiearmer Lebensmittel. (Einerseits Schutz vor Unterversorgung mit essentiellen Nährstoffen und andererseits Schutz vor einer überhöhten Zufuhr unerwünschter Inhaltsstoffe.)

2. Reichlich Getreideprodukte - und Kartoffeln
Brot, Nudeln, Reis, Getreideflocken (am besten aus Vollkorn), sowie

Kartoffeln enthalten kaum Fett, aber reichlich Vitamine, Mineralstoffe, Spurenelemente sowie Ballaststoffe und sekundäre Pflanzenstoffe. Diese Lebensmittel sollten mit möglichst fettarmen Zutaten verzehrt werden.

3. Gemüse und Obst - Nimm "5" am Tag ...
5 Portionen Gemüse und Obst am Tag, möglichst frisch, nur kurz gegart, oder auch eine Portion als Saft – idealerweise zu jeder Hauptmahlzeit und auch als Zwischenmahlzeit: Damit werden reichlich Vitamine, Mineralstoffe sowie Ballaststoffe und sekundären Pflanzenstoffe (z.B. Carotinoiden, Flavonoiden) zugeführt. Das Beste, was man für die eigene Gesundheit tun kann.

4. Täglich Milch und Milchprodukte, ein- bis zweimal in der Woche
Fisch; Fleisch, Wurstwaren sowie Eier in Maßen. Diese Lebensmittel enthalten wertvolle Nährstoffe, wie z.B. Calcium in Milch, Jod, Selen und Omega-3-Fettsäuren in Seefisch. Fleisch ist wegen des hohen Beitrags an verfügbarem Eisen und an den Vitaminen B1, B6 und B12 vorteilhaft. Mengen von 300 - 600 g Fleisch und Wurst pro Woche reichen hierfür aus. Fettarme Produkte bevorzugen, vor allem bei Fleischerzeugnissen und Milchprodukten.

5. Wenig Fett und fettreiche Lebensmittel
Fett liefert lebensnotwendige (essenzielle) Fettsäuren und fetthaltige Lebensmittel enthalten auch fettlösliche Vitamine. Fett ist besonders energiereich, daher kann zu viel Nahrungsfett Übergewicht fördern, möglicherweise auch Krebs. Zu viele gesättigte Fettsäuren fördern langfristig die Entstehung von Herz-Kreislauf-Krankheiten. Pflanzliche Öle und Fette bevorzugen (z.B. Raps-, Oliven- und Sojaöl und daraus hergestellte Streichfette). Auf unsichtbares Fett achten, das in Fleischerzeugnissen, Milchprodukten, Gebäck und Süßwaren sowie in Fast-Food- und Fertigprodukten meist enthalten ist. Insgesamt 70 - 90 Gramm Fett pro Tag reichen aus.

6. Zucker und Salz in Maßen
Nur gelegentlich Zucker und Lebensmittel, bzw. Getränke verzehren, die mit verschiedenen Zuckerarten (z.B. Glucose Sirup) hergestellt wurden. Kreativ mit Kräutern und Gewürzen und wenig Salz würzen. Jodiertes Speisesalz bevorzugen.

7. Reichlich Flüssigkeit
Wasser ist absolut lebensnotwendig. Jeden Tag rund 1-2 Liter Flüssigkeit trinken. Wasser (ohne oder mit Kohlensäure) und andere kalorienarme Getränke bevorzugen. Alkoholische Getränke sollten nicht konsumiert

werden.

8. Schmackhaft und schonend zubereiten
Die jeweiligen Speisen bei möglichst niedrigen Temperaturen garen, soweit es geht kurz, mit wenig Wasser und wenig Fett - das erhält den natürlichen Geschmack, schont die Nährstoffe und verhindert die Bildung schädlicher Verbindungen.

9. Sich Zeit nehmen und das Essen genießen
Bewusstes Essen hilft, richtig zu essen. Auch das Auge isst mit. Sich beim Essen Zeit lassen. Das macht Spaß, regt an, vielseitig zuzugreifen und fördert das Sättigungsempfinden.

10. Auf das Gewicht achten und in Bewegung
Ausgewogene Ernährung, viel körperliche Bewegung und Sport (30 bis 60 Minuten pro Tag) gehören zusammen. Mit dem richtigen Körpergewicht fühlt man sich wohl und fördert die Gesundheit.
Thermik, Wirkrichtung, Verdauungskraft
Es gibt unterschiedliche Kriterien, die Wirksamkeit von Kräutern und Lebensmittel zu beurteilen. Der Einsatz der Kräuter und Zutaten basiert auf Beobachtung, was die Lebensmittel, Kräuter und Gewürze nach ihrem Verzehr im Körper bewirken. In der Medizin hat sich daraus folgendes System entwickelt: Jede Zutat oder Kraut hat eine Wirkrichtung. Außerdem gibt es noch Kräuter, die eine besondere Wirkung auf bestimmte Organe haben.

Voraussetzung für einen gesunden Stoffwechsel ist es, darauf zu achten, dass wir ausreichend Energie aus der Nahrung gewinnen und der Verdauungsprozess so wenig Energie wie möglich verbraucht. Eine bekömmliche Mahlzeit macht zufrieden und satt, verursacht keine Blähungen und keine Müdigkeit nach dem Essen. Richtiges Würzen erhöht die Bekömmlichkeit unserer Speisen. Es genügen oft schon geringe Mengen an Kräutern und Gewürzen. Sie dienen nicht dazu, uns satt zu machen, sondern helfen unseren Verdauungsorganen, die Nahrung zu verdauen.

6.2 Rezepte

Die Rezepte zeigen Ihnen welche Zutaten verwendet werden sowie mit der Kochanleitung wie diese zubereitet werden. Bei den Zutaten wird neben den Mengenangaben auch die Wichtigkeit für die Therapie angezeigt. Wenn dabei angezeigt wird "weniger als angegeben" versuchen Sie diese Empfehlung einzuhalten oder eine Alternative aus der Liste der "Empfohlenen Lebensmittel" zu finden. Meistens ist es nur eine leichte geschmackliche Änderung wenn Sie diese Zutat gänzlich weglassen.

Schonende Kochmethoden: Kochen, dämpfen, pochieren, dünsten
Scharfe Kochmethoden: Grillen, rösten, anbraten, räuchern
Ausgeglichene Kochmethoden: Frittieren, Römertopf

Auf das Einfrieren und erwärmen in der Mikrowelle sollte verzichtet werden (Denaturierung).

6.3 Lebensmittel

Lebensmittel wirken wie Heilkräuter auf Körper und Geist, nur wesentlich sanfter. Die Ernährungsberatung stützt sich hauptsächlich auf heimische Lebensmittel. Das Wissen über die Wirkungsweisen jedes einzelnen Lebensmittels und das Wissen wann welche Lebensmittel zur Anwendung kommen, entstammt der Schulmedizin. Verwende Sie möglichst Erzeugnisse aus ökologischen-biologischem Landbau.

Da wegen der besseren Verdaulichkeit grundsätzlich alles lange gekocht und kaum roh gegessen wird, ist die Verträglichkeit hervorragend.

Die Einteilung der Lebensmittel entsprechend ihrer Wirkung auf den Körper und bildet die Basis, um einen ausgewogenen und harmonischen Gesundheitszustand im Körper zu erreichen.

Grundsätzlich empfiehlt die Ernährungsberatung keine bestimmten Lebensmittel für Jedermann. Ausschlaggebend für den individuellen Speiseplan ist vor allem die persönliche Konstitution.

Kaufen Sie nur frisches und reifes Obst und Gemüse ein. Braune Stellen, welke Blätter aber auch unreifes Obst und Gemüse sollten Sie im Supermarkt zurücklassen. Greifen Sie dann zu Tiefkühlware (keine Fertiggerichte!). Tiefkühlobst und -gemüse werden kurz nach dem Ernten schockgefroren und enthalten deshalb oftmals mehr Vitamine und Mineralstoffe, als die Ware aus der Obst- und Gemüsetheke! Konserven- und Dosenware dagegen enthält wesentlich weniger Biostoffe. Zudem werden Letztere meist mit Salz, Zucker usw. angereichert. Lassen Sie die Zutaten nach dem Waschen nie im Wasser liegen, denn so gehen viele Vitalstoffe ins Wasser über! Putzen Sie Salate, Früchte und Gemüse erst unmittelbar vor Verzehr.

Beachten Sie bitte die hygienische Verarbeitung der Lebensmittel. Waschen Sie Ihre Salate, Früchte und Gemüse gründlich. Bei Gerichten mit Fleisch bereiten Sie zuerst die Zutaten vor und verarbeiten dann die Fleischprodukte. Reinigen Sie danach die Arbeitsflächen und Werkzeuge besonders gründlich. Holzunterlagen sollten regelmäßig mit leichtem Desinfektionsmittel behandelt werden um die Keimbildung einzuschränken.

Bewahren Sie Obst und Gemüse möglichst getrennt voneinander auf. Auch geerntete Früchte und Gemüse leben und strömen z.B. Ethylengas aus, das andere Sorten schneller reifen und altern lässt. Fleisch und Fisch in der verschlossenen Verpackung lassen oder in luftdichten Boxen im Kühlschrank aufbewahren.

6.4 Kräuter

Bei der Aufbewahrung und Lagerung von Heilkräutern, müssen gewisse Grundregeln beachtet werden. Grundsätzlich müssen Heilkräuter geschützt vor direkter Sonneneinstrahlung, vor Feuchtigkeit und vor heißen Temperaturen gelagert werden.

Als Gefäße für die Lagerung von Heilkräutern können Gläser, Keramik-Behälter und zur Not auch Plastik-Dosen eingesetzt werden. Plastik ist aber ein sehr unreines Material und sollte daher wirklich nur eine kurzfristige Notlösung sein. Bei Glasbehältern ist darauf zu achten, dass dunkles Glas verwendet wird.

Heilkräuter können nicht beliebig lange aufbewahrt werden. Die Haltbarkeit von Heilkräutern ist auf jeden Fall begrenzt. Durch die Haltbarkeitsdauer kann durch sachgerechte Lagerung wesentlich erhöht werden. So soll der Lagerplatz dunkel, eher kühl und absolut trocken sein. Ein Medizinschrank aus Holz, der nicht direkt bei einer Wärmequelle platziert ist wäre ideal. Um Ihre Heilkräuter nicht wegwerfen zu müssen, kaufen Sie nicht zu große Mengen an Heilpflanzen. Beschriften Sie die Behälter mit dem Namen des Heilkrauts und dem Datum der Ernte bzw. der Verarbeitung.

7 Weitere Ernährungsvorschläge

Folgende Syndrome der Diätetik, der TCM oder als Therapieergänzung bei Krebs sind verfügbar.

DIÄTETIK
1. Ernährung des Säuglings - Beikost
2. Ernährung in der Stillzeit
3. Ernährung im Alter
4. Ernährung von Kindern und Jugendlichen
5. Ernährung von Sportlern
6. Leichte Vollkost
7. Schwangerschaft
8. Vollkost

Eiweiß und Elektrolyt – Nieren
9. (Hämo-)Dialysebehandlung
10. Akutes Nierenversagen
11. Chronische Niereninsuffizienz
12. Nephrotisches Syndrom
13. Nierensteine (Nephrolithiasis)

Gastrointestinaltrakt - Bauchspeicheldrüse
14. Akute Pankreatitis (Entzündung der Bauchspeicheldrüse)
15. Chronische Pankreatitis (Entzündung der Bauchspeicheldrüse)

Gastrointestinaltrakt - Dünndarm und Dickdarm
16. Akute Obstipation (Verstopfung)
17. Chronische Obstipation (Verstopfung)
18. Colon irritabile
19. Divertikulitis
20. Erworbene Laktoseintoleranz (Laktosemalabsorption)
21. Fruktosemalabsorption
22. Glutensensitive Enteropathie (Zöliakie)
23. Kolektomie
24. Kurzdarmsyndrom

Gastrointestinaltrakt - Leber, Gallenblase, Gallenwege
25. Akute und chronische Hepatitis (Entzündung der Leber)
26. Cholelithiasis (Gallensteine)
27. Fettleber
28. Leberzirrhose

Gastrointestinaltrakt - Magen und Zwölffingerdarm
29. Akute Gastritis
30. Chronische Gastritis
31. Magenblutung
32. Ulcus ventriculi und Ulcus duodeni
33. Zustand nach Magenoperation

Gastrointestinaltrakt - Mundhöhle und Speiseröhre
34. Mundschleimhautentzündung
35. Ösophaguskarzinom (Speiseröhrenkrebs)
36. Reflüxösophagitis (Sodbrennen)

spezielle Krankheiten
37. Phenylketonurie (PKU)
38. Rheumatische Gelenkserkrankungen

Stoffwechsel
39. Adipositas (Übergewicht)
40. Diabetes mellitus
41. Essstörungen (Untergewicht)
Fettstoffwechsel
42. Hypercholesterinämie (erhöhter Cholesterinspiegel)
43. Hepatische Enzephalopathie
Herz- und Kreislauf
44. Arteriosklerose (Arterienverkalkung)
45. Herzinsuffizienz
46. Hypertonie (Bluthochdruck)
47. Hyperurikämie und Gicht
veränderter Nährstoffbedarf
48. bei Fieber
49. bei malignen Erkrankungen
50. nach Verbrennungen
51. Strahlen- und Chemotherapie

KREBS
100. Bauchspeicheldrüse
101. Blasenkrebs
102. Blutkrebs (Leukämie)
103. Brustkrebs
104. Darmkrebs
105. Magenkrebs
106. Nierenkrebs
107. Speiseröhrenkrebs

TCM
200. Blase - Feuchte Hitze in der Blase
201. Blase - Feuchtigkeit und Kälte in der Blase
202. Blase - Leere und Kälte in der Blase
203. Dickdarm - äussere Kälte befällt den Dickdarm
204. Dickdarm - Feuchte Hitze im Dickdarm
205. Dickdarm - Hitze blockiert den Dickdarm II akut
206. Dickdarm - Trockenheit des Dickdarms
207. Dickdarm - Yang Mangel (Kälte)
208. Herz - Blut Mangel
209. Herz - Blut Stagnation
210. Herz - Feuer
211. Herz - Heisser Schleim verstopft die Herzporen
212. Herz - Kalter Schleim verstopft die Herzporen
213. Herz - Qi Mangel
214. Herz - Yang Mangel
215. Herz - Yin Mangel
216. Leber - aufsteigender Leber-Yang
217. Leber - Blut-Mangel
218. Leber - Blut-Stagnation
219. Leber - feuchte Hitze in Leber und Gallenblase
220. Leber - Feuer
221. Leber - Gallenblase Qi-Leere
222. Leber - Kälte im Lebermeridian
223. Leber - Qi-Stagnation